東京大學史料編纂所編纂

大日本史料

第二編之三十二

東京大學藏版

大日本史料

第二編之三十二目次

後一條天皇

長元五年

四月

一日 旬平座、……一
三日 政、請印、……二
禎子內親王、御產ニ依リテ、少納言藤原義通ノ中御門宅ニ遷リ給フ、……二
四日 廣瀨・龍田祭、……三
關白左大臣藤原賴通、堀河第ニ移徙ス、……四
七日 擬階奏、……六
八日 平野祭、……六
上東門院御灌佛、……七
九日 梅宮祭、……八

陣申文、……八
十一日　政、請印、……八
十七日　位記幷ニ成選位記請印、……九
廿一日　賀茂祭、……九
廿二日　大風ニ依リテ、宇佐八幡宮ノ神殿等、顚倒ス、……一三
廿三日　關白左大臣藤原賴通、賀茂社ニ詣ス、……一五
廿四日　吉田祭、……一六
雷公祭ヲ行フ、……一六
廿五日　賀茂齋院馨子內親王、初齋院ニ入御アラセラル、……一六
源章任ヲ從四位上ニ敍ス、
廿七日　御惱ニ依リテ、三壇御修法及ビ大般若經幷ニ法華經不斷御讀經ヲ行フ、……二三
廿八日　丹生・貴布禰兩社ニ奉幣シテ、雨ヲ祈ラシム、……二五
是　月　陽明門ヲ修造ス、……二七

五月

一　日　權大僧都仁海ヲシテ、神泉苑ニ於テ、請雨經法ヲ修セシム、又、陰

陽助安倍時親ヲシテ、五龍祭ヲ行ハシム、……二九
御物忌、
五　日　政、請印、……三四
七　日　祈年穀ニ依リテ、二十一社ニ奉幣ス、……三五
十七日、結政、
八　日　位祿定、……三八
最勝講ヲ行フ、……三九
七大寺ニ於テ、御讀經ヲ修セシメ、雨ヲ祈ラシム、……四〇
大和龍穴社御讀經、
十　日　炎旱ニ依リテ、御卜ヲ行フ、……四三
十二日　關白左大臣藤原頼通家法華三十講、……四四
十五日　內大臣藤原教通病ム、……四六
十八日　重ネテ丹生・貴布禰兩社ニ奉幣シテ、雨ヲ祈ラシム、……四六
二十日　大極殿ニ於テ、仁王經ヲ轉讀セシメ、雨ヲ祈ラシム、……四八
廿二日　賑給使ヲ定ム、……五一
廿四日　石清水八幡宮等ノ諸社ニ於テ、仁王經ヲ轉讀セシメ、雨ヲ祈ラシム、……五一
廿九日、炎旱ニ依リテ、石清水八幡宮等ニ於テ、仁王經ヲ講ゼシムベキコトヲ仰セラル、

大極殿ニ於テ、仁王經ヲ轉讀セシメ、雨ヲ祈ラシム、……五四
春日社ノ怪異ニ依リテ、春日社幷ニ興福寺ニ於テ、千巻金剛般若經ヲ轉讀セシム、……五六
廿五日　著鈦政、……五七

六月

二日　炎旱ニ依リテ、大神宮ニ奉幣ス、……五九
安藝守従五位上紀宣明、强盗ノ爲メニ殺害セラル、……六二
三日　直物、小除目、敍位、……六八
御物忌、
陣定ヲ行ヒ、出雲國司申請ノ杵築社造立ノ事等ヲ定ム、……七〇
十日　御體御卜、……七二
御物忌、
政、請印、……七三
十一日　月次祭、神今食、……七三
十四日　權大納言藤原能信ノ家人、齋院ノ侍等ト鬪亂ス、……七五
十五日　祈雨ノ爲メ、大極殿ニ於テ、臨時仁王會ヲ行フ、……七六

藤原頼通、炎旱ニ依リテ、紫宸殿ニ於テ、大般若御讀經ヲ行ハントス、
十七日　政、請印、內文、……七八
二十日、位記請印、
二十日　旱魃ニ依リテ、軒廊御トヲ行フ、……七九
廿二日　一條天皇御忌、仍リテ、圓融寺ニ於テ、法華御八講アリ、……八一
是ヨリ先、金峯山檢校元助、速津河住人等ノ爲メニ殺害セラル、仍リテ、是日、宣旨ヲ大和・紀伊等ノ國司ニ下シテ、其ノ犯人ヲ捕進セシム、……八二
關白左大臣藤原頼通ノ隨身等、雜仕女ヲ淩礫ス、仍リテ、頼通、隨身等ヲ拘禁ス、……八三
廿五日　賀茂上社神殿、破損ス、……八三
廿六日　結政請印、……八四
廿七日　旱魃ニ依リテ、大極殿ニ於テ、千僧御讀經ヲ行フ、……八四
廿八日　法成寺ニ於テ、法興院法華八講ヲ行フ、……八九
廿九日　陣定ヲ行ヒ、相撲ヲ停ム、又、施米文ヲ奏ス、……八九
尾張ノ百姓、國司ノ善狀ヲ申ス、……九一

七月

四　日　廣瀨・龍田祭、……九三
九　日　季御讀經、……九三
十　日　石淸水八幡宮ノ怪異ニ依リテ、軒廊御卜ヲ行フ、……九三
十四日　無品敦元親王薨ズ、……九四
十七日　勘解由次官藤原國成ヲ、文章得業生試ノ問頭ト爲ス、……一〇〇
十二月、藤原明衡對策、
二十日　宇佐八幡宮神殿等ノ顚倒ニ依リテ、軒廊御卜ヲ行フ、又、官符ヲ大宰府ニ下シテ、同宮ノ立柱幷ニ上棟ノ日時ヲ改定シ、同宮ノ造立ヲ勤行セシム、……一〇三
廿一日　防鴨河使除目、……一〇七
廿八日　右大臣藤原實資、尾張國大粮官符ノ違失ニ就キテ、指示ス、……一〇七
三十日　寮試ヲ延引ス、……一〇八

八月

一　日　檢非違使、前武藏守平致方ヲ左衞門射場ニ候セシム、……一〇九

八日　釋奠、……一〇九
九日　祈年穀奉幣、廢務、……一一〇
十一日　定考、……一一〇
十三日　關白左大臣藤原頼通、始メテ牛車ニ乘リテ參内ス、……一一一
十六日　駒牽、……一一三
二十日　出雲國司及ビ杵築社司等、同社託宣ノ無實等ヲ申ス、仍リテ、是日、陣定ヲ行ヒ、同託宣ノコト等ヲ議ス、……一一三
廿五日　右大臣藤原實資、非常赦ニ依リテ免除セラル、調庸未進ニ、陸奥砂金・對馬銀及ビ水銀ノ入ルヤ否ヤヲ、主税助三善雅頼ニ問フ、……一一五
關白左大臣藤原頼通、故入道前太政大臣藤原道長ノ遺領近江大原莊ヲ中宮藤原威子ニ獻ズ、……一一六
結政、
廿六日　前美濃守藤原庶政、出家ス、……一一七
庶政ノ事蹟、
廿八日　中宮、藤原威子初齋院大膳職ニ行啓シ給フ、……一二三
右京大夫從四位下藤原實康、卒ス、……一二四
出羽守爲通、姓闕ク、右大臣藤原實資ニ陸奥紙・漆等ヲ贈ル、……一三〇

九月

三日　御燈、……一三一
九日　重陽平座、……一三一
十一日　伊勢例幣、……一三二
十三日　東宮（敦良親王）王女、（娟子）御誕生アラセラル、……一三三
二十日　關白左大臣藤原頼通、白河第ニ於テ、作文ヲ行フ、……一三四
　三十日、頼通、白河第ニ於テ、作文ヲ行フ、
廿七日　當年不堪佃田申文、又、検交替使ヲ定ム、……一三五
　八月十三日、吉書申文、
　十日、政、
　廿六日、吉書奏、
出雲守橘俊孝ヲ佐渡ニ配流ス、……一三六

十月

一日　旬平座、……一三九
二日　殿上ノ侍臣、大井川ニ遊覧ス、……一四〇

五　日　射場始、……一四〇
十　日　興福寺維摩會、……一四一
十一日　上東門院御念佛、……一四二
十七日　大粮申文、陣定、……一四三
十八日　上東門院菊合、……一四三
二十日、上東門院ノ歌合ノコトニ依リテ、藤原頼通、藤原經任ヲ不快ニ處ス、
廿二日　東宮別納、燒亡ス、……一五三
廿七日　京官除目、……一五三
九月十一日、陸奥前司平孝義、任終年ノ濟物ノコトニ就キテ申請ス、

十一月

一　日　御暦奏、……一五六
東宮敦良親王王女娟子五十日ノ御儀アリ、……一五六
四　日　平野祭、春日祭、……一五七
五　日　梅宮祭、……一五八
十　日　石見中津原牧、右大臣藤原實資家ニ、年貢ノ牛ヲ進ム、……一五八
筑前高田牧、實資家ニ、年貢ノ料物等ヲ進ム、

十二日　諸國申請ノ雜事ニ就キテ、宣旨ヲ下ス、……一五九
十三日　東宮ニ於テ、御作文アリ、……一五九
十四日　內侍所御神樂、是日、當年不堪佃田荒奏、……一六〇
官奏、
是ヨリ先、從五位下國正王、擧政姓闕クノ女ヲ强奸ス、又、同王ノ從者、擧政宅ニ强盜ニ入リテ捕ヘラル、ニ依リテ、同王、其ノ關與ヲ疑ハル、是日、宣旨ヲ下シテ、同王ノ罪名ヲ勘申セシム、尋デ、十二月十四日、宣旨ヲ下シテ、同王ノ位一階ヲ貶ス、……一六三
十六日　吉田祭、……一六六
十七日　一條北大宮西ニ火アリ、……一六六
十九日　右大臣藤原實資、掃部寮申請ノコトニ就キテ、奏セシム、……一六七
二十日　大原野祭、……一六七
月奏、……一六八
廿一日　園・韓神祭、……一六八
五節、……一六九
藤原資平、病ム、
御物忌、

十二月十九日、源頼信、藤原實資ニ物ヲ贈ル、
廿二日　鎭魂祭、……一七三
廿三日　新嘗祭、……一七四
御物忌、
廿四日　豐明節會、……一七四
東宮鎭魂祭、……一七六
廿六日　宇佐使ヲ發遣ス、……一七七
內大臣藤原敎通ノ二男同信基及ビ三男同信長元服ス、仍リテ、信基ヲ從五位上ニ、信長ヲ從五位下ニ敍ス、又、權中納言藤原資平ノ二男同資仲、元服ス、……一八三
右大臣藤原實資、新造ノ西家ニ、始メテ宿ス、……一八四
廿九日　賀茂臨時祭、……一八四

十二月

二　日　法成寺法華八講、……一八六
三　日　天智天皇國忌、……一八六
右近衞府番長ヲ補ス、……一八七

七　日　右大臣藤原實資、大學寮造作ノコトニ就キテ、宣旨ヲ下ス、……一八七
八　日　權大納言藤原頼宗ノ九條第及ビ法住寺燒亡ス、……一八七
十　日　位記召給、……一八九
十一日　月次祭、……一八九
十二日　關白左大臣藤原頼通、右大臣藤原實資家ノ觸穢ニ依リテ、外記ヲシテ、除目ノ上卿ニ非ズシテ直物ノ上卿ヲ勤ムルノ前例ヲ勘申セシム、……一八九
頼通、白河第ニ渡ル、
尾張國申請ノコト、
十三日　元日擬侍從弁ニ荷前定、……一九四
右近衞府射場始、……一九五
十四日　季御讀經、……一九五
十六日　駿河富士山噴火ス、……一九六
十七日　大神祭使ヲ發遣ス、……一九七
當年不堪佃田定、官奏、……一九七
藤原頼通、腫物ヲ煩フ、
廿六日、官奏、
右近衞府廳舍ニ當タル內裏大垣ノ修築ノコトニ就キテ、尾張・備前

兩國司相論ス、……二〇〇
十八日　右大臣藤原實資、栖霞寺ニ於テ、十六羅漢ヲ拜ス、……二〇一
十九日　御佛名、……二〇二
是ヨリ先、山城愛宕郡ノ八箇郷ヲ賀茂社ニ寄スルニ際シ、供御所ヲ除ク太政官符ニ、御厨子所領小野御厨ヲ漏脱ス、是日、關白左大臣藤原頼通、之ニ就キテ定ムベキコトヲ命ズ、……二〇二
上東門院、藤原彰子關白左大臣藤原頼通ノ高陽院ヨリ、前大宰大貳藤原惟憲ノ宅ニ遷リ給フ、是日、左衞門督源師房ヲ正二位ニ敍ス、又、頼通ノ室隆姫女王ヲ從二位ニ敍ス、……二〇三
廿一日　右大臣藤原實資、隨身ニ節料幷ニ衣服料等ヲ給ス、……二〇四
十一月廿七日・十二月一日、實資、家人幷ニ家司等ニ衣服等ヲ給ス、
九日、恪勤ノ隨身ニ桑絲ヲ給ス、
十六日、藤原兼頼ノ侍ニ米等ヲ給ス、
十七日、兼頼ノ隨身等ニ衣服料幷ニ節料米ヲ給ス、
廿四日、兼頼ノ乳母ニ節料ヲ給ス、
廿六日・廿七日、實資幷ニ兼頼ノ隨身等ニ褐衣ヲ給ス、
廿二日　伊豆守行信、姓闕ク、右大臣藤原實資ニ馬ヲ贈ル、……二〇六

年末雜載

（目次終）

上卿藤原定頼

見參

大日本史料　第二編之三十二

後一條天皇

長元五年壬申

四月 大盡 辛丑朔

一日、辛丑、旬平座、

〔左經記〕○谷森本

四月

一日、天晴、有召參內、權中納言(藤原定頼)同依召參入、奉勅可令裝束宜陽殿之由示余(源經頼)、々起座、於腋床子仰史、々仰諸司令敷座居饌、次上弁余移著宜陽殿、次辨・少納言著座、三獻、了召侍從、次著汁、立筋(箸カ)、次召外記令進見參、進御在所奏之、歸本座召給少納言・辨、畢次第退出、

〔日本紀略〕後一條院

上卿藤原定頼南所申文

懷妊三月ニ及ブ

輦車

四月一日、辛丑、平座、見參、

〔小記目錄〕五 ○九條家本 年中行事五　四月

同（長元）五年四月一日、平座、見參事、

三日、癸卯、政、請印、

〔左經記〕○谷森本

四月

三日、癸卯、天晴、參殿（藤原頼通）、次參結政、有政、上四條中納言（藤原定頼）、請印、了著南所、申文、食了入內、頃之退出、

禎子內親王、御產ニ依リテ、少納言藤原義通ノ中御門宅ニ遷リ給フ、

〔左經記〕○谷森本

四月

三日、癸卯、天晴、○中略、政弁ニ請印ノコトニカ、ル、本日ノ第一條ニ收ム、入夜歸參內、候東宮（敦良親王）給一品（宮脱カ）（禎子內親王）懷任（妊）及三月、仍不及神事以前、○本月四日ノ第一條參看、今夜子剋、令出少納言義通（藤原）朝臣中御門宅給、可然上達部幷內・（後一條天皇）宮殿上人・諸大夫等多以參入、剋限返閇了令退出給、乘輦、到朔平門移檳榔毛、關白（藤原頼通）御

饗祿無シ

東宮御使ヲ遣シ給フ

御讀經

車也、仍車副二人著褐冠遣牛、本宮召繼等著衣冠付御車、出車十餘兩、可然上達部依召奉之云々、內弁里無饗祿、又上達部・殿上人或宿衣或束帶、諸大夫皆束帶、但內府(藤原教通)直衣、及丑余(源經頼)歸家、

四日、甲辰、天晴、○中略、藤原頼通、堀河第ニ移徙スルコトニカヽル、本月四日ノ第二條ニ收ム、右〔左カ〕大辨(藤原重尹)云、今朝自東宮有一品宮於御使、保家(藤原)朝臣、兩三杯之後、有被物幷御返事云々、上達部・殿上人兩三被侯云々、

〔小記目錄〕九佛事上 院宮御讀經事 ○九條家本

(長元)同五年六月二日、一品宮御讀經結願事、

○東宮敦良親王王女、娟子御誕生アラセラル、コト、九月十三日ノ條ニ見ユ、

四日、甲辰、廣瀨・龍田祭、

〔日本紀略〕後一條院

四月

四日、甲辰、廣瀨・龍田祭、

〔陰陽吉凶抄〕○東京大學史料編纂所所藏

十二、移徙法○中略

廢務

故藤原經國宅
源行任賴通ニ獻ズ
橘逸勢怨靈ノ地

舊宅作法ニ就キテノ論
源經賴ノ意見

賀茂保憲說

藤原教通ノ意見
藤原道長說
文道光所傳

廢務日例、長元五四四甲辰、

關白左大臣藤原賴通、堀河第ニ移徙ス、

〔左經記〕○谷森本

三月

廿五日、丙申、天晴、參殿、(藤原賴通)御共參堀河殿、件家故經(國)○藤原朝臣宅也、而近江守(源)行任依爲因緣傳領、今獻相府、(賴通)日來加修理、來月四日察〔密イ〕可渡給云々、山石水木誠是稱翫、但故橘逸勢怨靈留此地、代々領主快不居注〔住イ〕云々、及午後歸家、

四月

四日、甲辰、天晴、晩景參殿、被仰云、今夜欲度堀河家、依爲舊家、不用渡新宅之禮、而人々於〔猶〕示(可)ↄ牽黃牛之由、爲之如何、申云、村上卿〔御イ〕時令渡冷泉院之時、○天德四年十一月四日ノ第一條參看、依爲舊所、不可用新宅儀之由有儀〔議イ〕、而(賀茂)保憲申云、雖舊宅有犯土造作、何無其禮乎、就中牽黃牛、是猷土公之意、尤可備禮儀云々、仍被用渡新宅之禮、准彼思此、猶可有黃牛、又可有返問、於餘事左右可隨御意、就中夜部內府(藤原教通)被示云、故殿(藤原道長)仰云、雖舊宅尚可牽黃牛、是依犯土爲猷土公、道光(文)所傳也者、仍度々渡舊宅之時、皆牽牛云々、又侍從中納言(藤原資平)云、(藤原實資)右府被渡小野宮之時、每度有牛云々、始渡臺、後寢殿、仰々〔云イ〕、故殿仰云、故(源雅信)一條大臣殿渡一條之時、

藤原實資舊宅ヘノ移徙ニ毎度黄牛ヲ用フ
舊宅作法ヲ用フ

若松殿

依舊宅不用新宅儀云々、但右府例慥可示送之由、内々可遣之侍從中納言許者、即遣案内、執〔被カ〕示云、渡臺幷霞〔寢イ〕殿之時、皆牽黄牛、勤返閇、用五菓、但依爲舊宅、不具水火童幷雜具者、即申此旨、忽召陰陽師、幷被儲黄牛・五菓云々、成〔戌イ〕三剋令渡給、先留西門於御車、其前牽立黄牛、公忠(下毛野)・武方(秦)等著褐冠牽之、次下自車、陰陽助時親(安倍)奉仕返閇、經中門・南庭等昇自南階、其後牽御車寄南階、其後供五菓云々、不備火水幷雜具、次有上達部・殿上人饗、數杯之後退出、無碁手、又有藏人所饗云々、牽了頭中將(源隆國)申吉書、次須辨申官方文也、而忽無其儲不申、是無兼仰也、今夜殿直衣冠、上達部或直衣或宿衣、殿上人或宿衣或束帶、諸大夫皆宿衣、此以檢〔儉イ〕約被爲宗也云々、○流布本ヲ以テ校ス、

四月

〔日本紀略〕後一條院

四日、甲辰、○中略、廣瀨・龍田祭ノコトニカヽル、本日ノ第一條ニ收ム、今日、關白(賴通)左大臣始渡座堀河第、

〔皇代記〕後一條 ○千鳥祐順氏所藏

五〔長元〕□〔年〕、□〔壬申〕、四月四日、甲辰、關白左大臣移□〔一カ〕條□宅、字若松、

〔陰陽吉凶抄〕○東京大學史料編纂所所藏

十二、移徙法〇中略

廢務日例、〇本日ノ第一條參看、長元五四四甲辰、宇治殿(賴通)渡御若松殿、

〔小記目錄〕移徙事帝王・院宮・臣下〇九條家本

同(長元)五年四月四日、關白移徙堀川第事、

〇上東門院、藤原彰子御所京極殿燒亡ス、仍リテ、火ヲ法成寺ニ避ケ給フ、尋デ、十一日、賴通ノ高陽院ニ遷御アラセラル、コト、賴通、小二條第ニ移徙スルコト、四年十二月三日ノ條ニ見ユ、

七日、丁未、擬階奏、

〔小記目錄〕五年中行事四月擬階奏事〇九條家本

同(長元)五年四月七日、擬階奏事、

〇コノ條、小記目錄ニ據リテ掲書ス、

八日、戊申、平野祭、

〔左經記〕〇谷森本

四月

源經頼私幣ヲ奉ル

源經頼家灌佛

御導師智眞

八日、戊申、天晴、平野奉幣、

〔日本紀略〕後一條院

四月

八日、戊申、平野祭、

上東門院御灌佛、

〔左經記〕○谷森本

四月

八日、戊申、天晴、○中略、平野祭ノコトニカカル、本日ノ第一條ニ收ム、次灌佛、但不精進、又不念誦、及晩參女院、〔上東門院藤原彰子〕依御灌佛也、其儀、御在所西臺、南廂三間下母屋御簾、上廂中間迴〔迫イ〕〔御カ〕簾、立山形、々々東重立平文机二脚、南北行、西机置盛五色水鉢五口、東机置御料幷人給盤〔酌カ〕、山形西又重立同机二脚、置散花具、件机等無覆・地敷、山形前敷半疊一枚、爲御導師座、傍立聲〔磬カ〕、南又廂西一・二間敷綠端疊二枚、爲上達部座、北面東上、同廂東一間敷黃端疊一枚、爲弟子僧座、北上西面、上達部・殿上人取布施、余〔源經頼〕紙三帖、次第置机上、件机南母屋廂西間長押下立之、同間長押上置御布施紙十帖、積折敷、加高坏、其邊置女房布施、著座、御導師智眞參入、自南庭性〔座イ〕中皆〔階カ〕昇、作法灌佛之、上達部・殿上人次第灌佛、了智眞退出之間、判官代惟任〔藤原〕朝臣給白褂一領、次上達部起座、次下御簾、女房灌佛云々、山形・机等具、皆本院被儲也、敷

藤原頼通神馬ヲ獻ズ

上卿藤原齊信
齊信除服以後ノ初參
頼通移徙後ノ初參
經頼ノ批評

設等所司所勤仕云々、及昏里（黒イ）退出、○流布本ヲ以テ校ス、

九日、己酉、梅宮祭、

〔左經記〕○谷森本

四月

九日、己酉、天晴、參殿、（藤原頼通）被立梅宮祭神馬、於南庭有御祓、々了乗尻等乗馬、次第退出、向社頭、

陣申文、

〔左經記〕○谷森本

四月

九日、己酉、天晴、○中略、梅宮祭ノコトニカカル、本日ノ第一條ニ收ム、次參內、中宮大夫（藤原齊信）被參入、余（源經頼）申行申文、御染（除歟）服之後、○藤原齊信ノ室卒スルコト、四年十二月二十一日ノ第二條ニ見ユ、依被初參入、所申行也、昨日有御消息、暫關白（藤原頼通）令參入給云々、去四日令渡新家給之後、○本月四日ノ第二條參看、今日先參女院、（上東門院藤原彰子）次決○決イ參內也云々、神事日○本日ノ第一條參看、參女院如何、若奉幣以後於（歟カ）、愚慮難及矣、○流布本ヲ以テ校ス、

十一日、辛亥、政、請印、

〔左經記〕○谷森本

上卿藤原資平

位記請印ナシ

南所物忌

藤原頼通同實資ニ齋王未ダ齋院ニ

四月

十一日、辛亥、天晴、依成選位記請印事可有政之由、昨日有外記灌〔催イ〕、仍參結政、侍從中〔藤原資平〕納言被著廳、余〔源經頼〕依上卿御消息追著廳、依式部丞不參、无位記請印、有例請印、事之退出〔了イ〕之間、召使申南所物忌之由、仍直入內、於溫明殿下脫深履、著腋床子、納言〔資平〕被著伏〔仗イ〕座、頃之左・右金吾〔源師房・藤原經通〕被參入、及未剋各退出、○流布本ヲ以テ校ス、

○位記幷ニ成選位記請印ノコト、本月十七日ノ條ニ見ユ、

十七日、丁巳、位記幷ニ成選位記請印、

〔日本紀略〕後一條院

四月

十七日、丁巳、位記幷成選位記請印、

二十一日、辛酉、賀茂祭、

〔小右記〕○宮內廳書陵部所藏伏見宮本

三月

十三日、甲申、○中略、大神宮ニ奉幣シテ、流人ノ召還ヲ奉告スルコトニカヽル、三月二十九日ノ條ニ收ム、大辨〔源經頼カ〕云、關白〔藤原頼通〕云、齊〔齋、下同ジ〕王〔馨子內親王〕未被坐齊院之

入リ給ハザル年ノ歸日ノ作法ヲ問フ

次第使ナシ

外記日記

賀茂上下社司等實資ニ桂葵ヲ進ム

上卿藤原經通

警固騎兵供奉スベシヤ否ヤ

祭使藤原俊家

實資藤原賴宗ニ下襲等ヲ贈ル

賴通祭使ノ女院ヘノ參入ヲ停ム

年、○賀茂齋院馨子内親王、紫野院ニ入リ給フコト、六年四月九日ノ條ニ見ユ、祭使等戌日還儀□□□作法□□□亦何者、報云、依齊王還給有翌日之儀歟、齊王不坐之時、先例不差次第使、又々〔云カ〕尋問文義(小野)可令申、今朝文義云、外記日記不注戌日事者、

四月

廿日、庚申、賀茂下御社禰宜久清(賀茂)・上御社祝□□等進桂・葵、昨日警固事、右衞門督(藤原經通)行之由、頭辨(藤原經任)示送也、依問遣也、其狀云、依前例所被行者、昨日頭□〔辨カ〕云、齊王不參之時、騎兵可供奉乎否、依騎兵有警固歟如何者、含可被尋行之由、仍今有斯消息、被尋歟、

廿一日、辛酉、近衞府使左近少將(藤原)俊家、依春宮大夫(藤原賴宗)消息、調送僮人十二人下襲、六〔亦カ〕遣摺袴、是中將(藤原兼賴)之□右衞門督・中納言(藤原資平)來、同車向祭使所、但今月忌月(藤原懷平)也、發歌笛之間可起座者、

同日中言〔納脫カ〕來云、關白被候女院(上東門院藤原彰子)、高陽院、上達部從□〔祭カ〕使所□〔參カ〕入、使少將俊家參院、關白差使、於途中令留、祭使專不可參入於院者、此間唐鞍馬・引馬、々副・手振・執物・雜具〔色カ〕、垂〔乘カ〕車、立几帳・繪雜具、入從南門、關白被驚奇、然而被召覽御前、使一人不令參、關白再三被傾奇、馬副裝束、以絹染深蘇芳、擣瑩、たもとあけたり、如狩襖、著赤使(マヽ)、擣衣、

藤原齊信警固騎兵供奉セズト爲ス源經頼ノ意見

警固召仰

以日〔白カ〕織物爲布帶、手振者童十二人、以紫絹爲褐衣下襲、著青色、狩袴、末濃結〔括カ〕、外小舍人童八人裝束、以織物綾罪〔羅〕爲衣服、以金銀爲庄〔莊〕嚴、又笠持者等、男笠持者男、童笠持者童、六〔亦カ〕以左近將曹時國・爲弘〔茨田〕等爲童傅者、抑以童爲手振、未曾聞、當時是自極見苦云々、今日事等、關白深有傾奇之氣、至異例之事、先內々可被示歟者、童手振事下不〔未カ〕可耳〔聞カ〕、小舍人童等相加、童二十人也、可謂奇怪之事也、

〔左經記〕○谷森本

四月

十七日、丁巳、天晴、自一日有勞事不他行、自齊〔齋イ、下同ジ〕院有召、申有勞之由不參矣、山城守賴孝之〔云イ〕、民部卿〔藤原齊信〕被示云、山城騎兵幷國司等、齊王被參社頭之時所供奉也、今年齊王不被參、仍山城不可供奉、隨亦不可被警固云々、是事依不得意、尋見齊王不參之年之例、山城騎是〔兵〕幷國司皆供奉、又有警國〔固〕等、若戶部〔齊信〕見荒涼日記被示歟、爲當傳語人違彼詞歟、爲後鑒記之、

十九日、己未、天晴、○中略、丹生・貴布禰兩社ニ奉幣シテ、雨ヲ祈ラシムルコト及ビ賀茂齋院馨子內親王、初齋院ニ入御アラセラルヽコトニカヽルヽ、ソレゾレ本月二十八日ノ條及ビ同月二十五日ノ條ニ收ム、今日可有警固召仰之由、外記以召使令申右金吾〔經通〕、々々々被申可參之由、

廿日、庚申、天晴、參殿〔賴通〕、被撰定明日粧馬等、頭中將〔源隆國〕被示云、作〔昨イ〕日警固召仰之間、右兵衞

五色御幣
祭使堀河院ヨリ立ツ
三獻
舞
行列次第
還立

尉季清差〔著〕表衣・狩袴等立列、早見之可追留也、而入夜之程早不見、退出之間是〔見カ〕之、甚奇異也、又頼宣〔藤原〕朝臣云、今朝賀茂社司等令申云、先例今日自齊院被奉五色御幣、付其使奉蔡〔葵イ〕・桂等、而今年不被奉幣、若社司等可持參歟者、殿仰云、觸僕〔經頼〕可隨云者、而社司等重參入、爲之如何、相乘〔示カ〕之〔云イ〕、日次不宜、仍今日不被奉幣也、明日午剋可被奉幣、○本月二十五日ノ條參看、付其使可奉之由、可被仰也者、社司等奉此旨退出云々、

廿一日、辛酉、天晴、○中略、賀茂齋院馨子内親王、初齋院ニ入御アラセラル、コトニカヽル、本月二十五日ノ條ニ收ム、及未剋參殿、暫向使少將出立所、堀河院、上達部多以參會、〔一脱カ〕獻春宮大夫、先例四位取之、而上達部初獻未見不聞、二獻中宮權大夫〔藤原能信〕、巡行儀向〔後カ〕上達部座、此間檢非違使著南遲〔庭イ〕床子、三獻權大納言〔藤原長家〕、檢非違使起座出、舞人・陪從次第退下、依日暮不及四獻、於南庭舞求子、上達部一舞脱衣、次第被〔粧カ〕馬・牽馬弁〔馬脱カ〕副・手振、以章〔童〕十二人爲之、結童髮、青腋闕衣、青朽青〔葉カ〕下襲、徑〔脛イ〕巾、青小舍童八人・雜色廿人・舍人四人、渡了召公忠〔下毛野〕・武方〔秦〕等、又上達部・殿上人脱衣、次少將參女院、次了參内云々、左大辨〔藤原重尹〕相共見物、及晩歸宅、今日次第、先騎兵、是次國司、次内藏寮・中宮〔藤原威子〕・東宮〔敦良親王〕御幣小〔等カ〕、使等次第、東宮・中宮・馬寮・近衞府共有舞人等・内藏寮使等、次中宮・内等女使、次典侍、帶刀三人、五位六人前駈、從車、○從車ノ二字、小字カ、次命婦車、次茂〔藏〕人車、各從車相具、次陪從、但件使等奉幣之夜〔了イ〕中可歸京云々、又近衞司使歸立、可被儲饗祿等云々、但依可及深夜、

上達部不可諸〔儲〕、以可然諸大夫勸杯可賜祿云々、又云、次第使馬助允〔尤カ〕、是齊王不被供奉之
年無次第使云々、○流布本ヲ以テ校ス、

〔日本紀略〕後一條院

四月

廿一日、辛酉、賀茂祭、齋王依未入本院給、不供奉、

二十二日、壬戌、大風ニ依リテ、宇佐八幡宮ノ神殿等、顚倒ス、

〔百練抄〕四 後一條天皇

四月廿二日、宇佐宮寶殿爲風顚倒、

〔類聚符宣抄〕三 怪異事

大宰府解

大宰府解申請官裁事

請被裁下八幡宇佐宮御殿幷申殿等傾寄顚倒狀

一御殿顚倒　二御殿傾寄

三御殿傾寄　申殿顚倒

スデニ立柱上棟ス

右、得彼宮今月二日牒狀偁、件御殿等任被定下之日時、立柱上棟之後、爲去四月廿二日

大風、或以顛倒、或亦傾寄、仍言上如件者、依牒狀檢案內、件宮卅年一度之造作、任官符旨、去年十一月七日始木作、〇四年十一月七日ノ條參看、今年二月十一日立柱上柱棟、而件御殿等、彼日暴風忽至、或顛倒、或傾寄、是在當府之定、不經申請、可令直立、然而本已公定之神事、非當府之進退、寔雖不作畢、豈可然乎、非蒙裁定、何得自由、望請官裁、早被裁下、將遂其功、今錄事狀、謹請官裁、以解、

長元五年五月廿日

正二位行權中納言兼宮內卿帥源朝臣（道方）
正四位下行少貳兼筑前守藤原朝臣
從五位上行少貳兼肥後守高階朝臣（成章）

正六位上行大典山宿禰
從五位下行大監藤原朝臣（惟風）
大監正六位上秦宿禰（時廉）
正六位上行少監藤原朝臣（親良）
正六位上行少監酒井宿禰
正六位上行大典三國眞人
少典闕
少典闕

〇陰陽寮、宇佐八幡宮造營材木採始日時勘文ヲ上ルコト、四年正月三日ノ第二條

源経頼家板敷ノ下ニ頭骨アリ

経頼穢ニヨリテ扈従セズ

行列次第

ニ、同宮造營始等ノ官符ニ請印スルコト、同年九月五日ノ第一條ニ、同宮作事始ノコト、同年十一月七日ノ條ニ、同宮神殿等ノ顚倒ニ依リテ、軒廊御卜ヲ行フ、又、官符ヲ大宰府ニ下シテ、同宮ノ立柱幷ニ上棟ノ日時ヲ改定シ、同宮ノ造立ヲ勤行セシムルコト、本年七月二十日ノ條ニ見ユ、

二十三日、癸亥、關白左大臣藤原頼通、賀茂社ニ詣ス、

〔左經記〕○谷森本

四月

廿二日、壬戌、天晴、人々〔云イ〕、板敷下有死人頭破、驚見其體、白如破坈、尋先例、天暦四年二月二日、中院北門邊有死人頭、其形如破境〔坈〕云々、○天暦四年二月二日ノ條參看、有時儀不爲穢、諸祭如常乎、以有先例、任意難出仕、仍可被申殿(藤原頼通)之由、示送頭中將(源隆國)御許了、隨仰候明日御賀茂詣幷可參來廿五日齊〔齋イ〕院(馨子内親王)御禊可〔所イ〕等○本月二十五日ノ條參看、也、頭中將被示可爲穢之由、

廿三日、癸亥、天晴、有穢不候取〔殿カ〕御賀茂詣、及午剋、於東洞院與春日之逑〔辻イ〕見物、先御幣、神寶・神馬、次舞人、次乘尻二人、次前駈諸大夫、次上官、次御車、陪從在後、檢非違使近在御車後、次上達部車、任薦次、大納言皆有前駈、中納言或有或無、參議惣无前駈、午後以後降雨、及曉快降、○流布本ヲ以テ校ス、

船岡ニ於テ行フ

〔小記目録〕攝政關白物詣事賀茂・春日○九條家本
同（長元）五年四月廿三日、關白（頼通）賀茂詣事、

二十四日、甲子、吉田祭、

〔日本紀略〕後一條院
四月
廿四日、甲子、吉田祭、

雷公祭ヲ行フ、

〔左經記〕○谷森本
四月
廿四日、甲子、天晴、○中略傳聞、神祇權大副兼忠（卜部）、於船岡奉仕雷公祭云々、
○京都雷鳴幷ニ大雨、是日、天文道、雷鳴勘文ヲ上ルコト、四年十一月四日ノ條ニ、雷雨ノコト、本年正月四日ノ第二條ニ、雷鳴ノコト、二月二十三日ノ條ニ、天變幷ニ地震ニ依リテ、非常赦ヲ行フコト、三月五日ノ第二條ニ見ユ、

二十五日、乙丑、賀茂齋院馨子内親王、初齋院ニ入御アラセラル、

後院ノ車ヲ御禊料ニ充ツ

〔左經記〕○谷森本

正月

二日、甲戌、天晴、○中略、藤原頼通家臨時客ノコト及ビ二宮大饗ノコトニカヽル、ソレゾレ正月二日ノ第二條及ビ第一條ニ收ム、今日參齊〔齋イ、下同ジ〕院(馨子内親王)、謁侍從內侍、々々〔内侍イ〕云、昨日早朝供忌火御飯、次供御齒固、著御生氣御衣、次神祇指替所々賢木、宮主供神殿御節供二前、前別衛重四合、次院(馨子内親王)著御々唐衣・裳了、申時初入御神殿、擇吉時也、令申公家御祈給、毎神座前各有院御座、〔内カ〕自侍御共、次退出、進物所供御節供、御臺六本、須〔衍カ〕本須用御臺盤、而自行事所未渡、仍本院設御臺也、

廿二日、甲午、參殿(藤原頼通)、○中略、頼通、源經頼ヲシテ、住吉社遷宮神寶勘文ヲ進メシムルコトニカヽル、四年九月二十五日ノ條ニ收ム、次申云、齊院二・三御東(車歟)是代々相傳之由、有先院(選子内親王)仰、然者以後院所納之金作車等加修理、可充御禊料歟、仰、早可修理之由、可仰範國(平)朝臣者、

廿五日、丁酉、○中略、政ノコトニカヽル、正月二十五日ノ條ニ收ム、入內、有召參御前、仰(後一條天皇)云、齊王(馨子内親王)可入所司之日時幷其所未一定由云々、早卜定其所令修理、幷定其〻(日)、行具等合期可調具之由可仰行事所之由、可示關白(頼通)者、卽參殿申仰旨、被奏云、無此仰以前、以此旨等相示行事上卿、來月二日可定申由有令申、以此由可奏達者、參內、奏此旨、暫奏奉雜事、晩景退出、

行事上卿藤原能信
日時及ビ初齋院諸司勘申

廿七日、己未、天晴、參關白殿、藏人辨（源）經長朝臣語了〔云イ〕、昨日晩景、中宮權大夫（藤原能信）一人參陣、有可召神祇官・陰陽寮等之仰、卽仰史令召之、卽參入、仰云、賀茂齊王可入諸司日時、仰陰陽寮令勘申、兼可入給諸司、大膳職・掃部寮、令神祇官・陰陽寮等卜申者、令史仰此由於官・寮、々々各勘申、日時三月十一日・四月廿五日、大膳職吉也云々、以件勘文・卜文等入莒〔筥イ、下同ジ〕、一人外記奉上卿、々々召經長被奏聞、是上卿被量行也者、余（源經頼）問云、神祇官・陰陽寮等、於何所奉仕御卜乎、辨云、神祇官於內豎所、陰陽寮於御子宿奉仕云々、先例召陰陽一官之時、於陣腋卜之、至于神祇官雖一官、尙於軒廊卜之、若有禁中穢之時、於陣外奉仰、於於（行カ）本官卜之、未聞官・寮共於如此之所奉仕御卜之例、又初辨奉仰之、下外記奉其勘文等、先後相違、尙辨奉勘文等之後、上卿召莒入文可被奏歟、上卿被行之旨未得其意、若有所見歟如何、及晩參齊院、次參高藏、入夜歸家、

二月

十五日、丙辰、天晴、參殿、〇中略、政ノコトニカヽル、二月十五日ノ第一條ニ收ム、有召入內、參御前、奏云、關白令奏云、齊院入諸司、三月十一日・四月廿五日之間可告之由、陰陽寮前日有勘申、而三月期日迫東〔來〕、行事所不可調敢行具小〔等〕之由令申云々、又木工寮同不可勤令〔於カ〕大膳修理之由令申

前驅定
執筆源經頼
御物忌

云々、以四月被行可宜歟者、仰、依請者、同以此由磬〔啓イ〕中宮（藤原威子）、歸參申勅旨、

四月

十日、庚戌、天晴、參內、中宮權大夫被參入、於仗座定賀茂初齊院行〔御カ〕禊御前幷次第使等、余執筆、先奏聞、次令內覽、今日內（後一條天皇）幷關白共御物忌也、仍兼大閤〔太閤イ〕（〇頼通）仰云、以宿紙書之、先奏、次可持來者、因之上卿先令奏、次以辨被奉大閤〔太閤イ〕也、返給被下外記、右宰相中將（藤原）兼經・左衞門權佐〔佐脫〕隆（〇藤原）・右衞門權佐雅（平）康・左兵衞佐（源）經宗・侍從良貞右兵衞佐正兼隨父下向奧國代云々、已上一枚、左〔右カ〕衞門尉藤原實經〔綱〕・右〔左〕衞門尉同信尹・右兵衞尉同章性〔任イ〕・右兵衞尉同則經、已上一枚、左馬權助成綱・右馬允藤原頼行、已上一枚、次上卿相共行向大膳、巡檢所々修造、是齊院爲令渡給、木工所修造也、次上卿・辨共被參齊院、是爲定廿五日御禊出車云々、余歸家、

十八日、戊午、天晴、甲斐司〔國脫カ〕範國朝臣來向、語齊院御禊間雜事等之次云、昨日右馬權頭（源）章任朝臣諸〔儲小カ〕不饌進院內上下男女方、上達部・殿上人多以參會、入夜事了被退出、御共〔前カ〕物沈香懸盤六脚、用銀器、供粉熟、御菓子廿合、女房衝重卅前、侍・廳饗、所々長食〔屯イ〕・大破子等也、卅〔此カ〕外懸盤物廿前許、上達部・殿上人御料云々、中心〔所〕可思、御前共物不得意、御菓子許宜歟、又藏人辨被過、被示御禊間雜事、

十九日、己未、天晴、日來有所勞不出仕、此兩三日頗宜、仍參關白殿、〇中略、丹生・貴布禰兩社ニ奉幣シテ、雨ヲ祈ラシムルコトニカ、ル、本月二十八日ノ條ニ收ム、又藏人辨經長云、齊院御禊御前右宰相中將兼經・左兵衞佐經宗等各

初齋院御禊前驅ニハ取物無シ

使源定良

御禊初齋院大膳職

行列次第

申觸穢障、仍以左宰相中將(源)顯基・丹後守(藤原)憲房朝臣被改定之由、有宣旨者云々、有頃殿下(頼通)仰云、初齊院御禊御前等、前例不似毎年之御禊、衞府隨身許、若口取舍人歟、不然之人雜色五六人許、又惣无取物、又上達部馬副幷雜色七八人許歟、衞府隨身可具、此外更不具云々、近者爲大納言之時、前齊宮(當子內親王)御禊日供奉、〇長和二年八月二十一日ノ條參看、馬副・雜色等之外不具、又雜色不事々、只隨有也云々、

廿一日、辛酉、天晴、爲使備後守(源)定良朝臣、午剋自齊院中紙御幣被奉賀茂上下、是廿五日御禊爲平安也云々、

廿五日、乙丑、天晴、賀茂齊王申剋於二條末淸流御禊了、亥剋入御大膳職、其行列、先御禊物、官〔宮イ〕主副之、次右京職進已下、次左右兵衞尉、各隨身二人、著褐冠・脛巾・布帶等、〔揷カ〕柿鞭、有□□□□〔イナシ〕口取近衞一人・雜色四人、無取於〔物イ〕等、次左右衞門尉、吉〔右カ〕是藏人也、左檢非違使、隨身二人、著褐冠・脛巾・布帶・狩胡籙〔籙イ、下同ジ〕等、看督長二人、火長・隨身二人、爲巾〔烏帽カ〕、胡籙懸一人、御藏少〔小〕舍人一人、口取近衞一人、右隨身二人、裝束如是、兵衞口取一人、御藏小舍一〔一イナシ〕人童一人、共无取物、次左右兵衞佐代、无隨身・取物等、各有以〔口カ〕取一〔人脫カ〕・雜色五六人、次左右衞門權佐、各權隨身二人、番長、府掌、著褐冠・脛巾・布帶・狩胡籙、例隨身二人、蠻繪冠・布帶・脛巾・狩胡籙、火長・隨身二人、洗染冠・布帶・脛巾・胡籙、无雜色・取物・口取等、次藏人所陪從六人、各位袍・巡方・二藍履、有口取近衞一人・雜色三(四)人・童一人、无取物、爲先下﨟、件陪從、雜色四人・衆二人也、或可候御車後也、而前駈、可謂違式、次第使失藉〔錯カ〕也、□□□□(イナシ)次參議一人、左宰相中將頭(顯)基、馬副四人、隨身四人、蠻繪・平胡籙、雜色七八人、无取物、例鞍、泥障、總鞦、螺鈿劒、有文玉、次別當、(齋院別當定良)有口取、无他物、但童取笏、次御車、車副・手振・取物・女從等皆女或、〔如式イ〕次典侍車、車副・手振・取物・女從相具、無御前從車等、次女別當車、次宣旨車、

饗祿
衞門府陣屋

已上絲毛、車副・手振・取物・從如〔女從カ〕等如或〔式イ〕、次出車六兩、五女房・一童、車副各六人、皆褐冠・布帶・脛巾、次馬寮車四兩、女官等可乘也、而不乘、如何、次春宮大夫（藤原頼宗）中宮權大夫・ᴐ權大納言（藤原長家）・左衞門督（源師房）・右兵衞督（源朝任）・左宰相中將・左兵衞督（藤原公成）・左大辨（藤原重尹）被參御禊所、關白殿幷内大臣（藤原教通）・民部卿（藤原齊信）同車見物、皆被參院云々、傳聞、於三條院、右馬權頭章任朝臣宅、内藏寮儲行事上・勅使宰相各机二脚、・前駈以下幷垣下上達部以下饗机、本院亦儲饗給諸障〔衞カ〕幷院内所々云々、大膳於河原給前駈以下饗、御祓了山城獻於〔物カ〕以、院祿給介、黃衾、又上下社司祿、同倉、還御之後、内藏同給前駈以下饗之、本院前駈幷行事辨八下給祿有差、宰相女裝束、自餘如例年、御禊祿法尋先例、皆隨人給綾褂・小褂・袴等、而有定給尋常祿也、具旨在別、

五月

五日、乙亥、天氣晴陰不定、〇中略、祈年穀ニ依リテ、二十一社ニ奉幣スルコト及ビ政弁ニ請印ノコトニカヽル、ソレゾレ五月七日ノ條及ビ同月五日ノ條ニ收ム、參中宮御方、次參齊院退出、院儀如例、左右衞門北西門〔大字カ〕候〔陣イ作〕屋、〇流布本ヲ以テ校ス、

〔日本紀略〕後一條院

四月

十日、庚戌、齋王前駈定、

廿五日、乙丑、賀茂齋王禊東河、入大膳職、

反閇無シ

〔賀茂齋院記〕

馨子內親王

後一條院第二皇女也、母中宮威子、藤原道長之女也、〇中略（長元）五年四月二十五日、馨子禊東河入大膳職、

〔皇代記〕〇千鳥祐順氏所藏　後一條

（長元）五（年）□（壬）、□（申）、（四月）廿五日、齊（齋）王御禊、鴨河、卽入御大膳職、章任朝臣加階、

〔家祕要抄〕

齋內親王入御諸司無反閇事

長元五年四月廿五日、乙丑、齋內親王御禊鴨河西邊二條大路末北、御出申時、以亥二點入御大膳職、無御反閇、相宰（宰相）以下供奉、大納言已上御送車也、齊（齋）王從去年十二月十三日丙辰出御三條與室町丹波守章任宅、〇四年十二月十六日ノ條參看、

〔榮花物語〕〇梅澤義一氏所藏三條西本　三十一　殿上花見

〇上略四月には、御けいの日やかて大せんにいらせ給、うちゝかくて、女房なとまいりかよふ、さふらひなとくして、つゆけき道をわけまいるもおかし、御けいの女房の裝束なと

源章任ノ加階
宅主ノ賞

思やるへし、あふきなと殿上人心〳〵につくしいとむへし、内よりは、おほつかなき事をのみおほしめす、

〔小記目録〕五 年中行事五 御禊事 ○九條家本

同（長元）五年四月十一日、御禊前駈定事、

〔小記目録〕二 年中行事二 正月下 敍位議事 付臨時敍位 ○九條家本

同（長元）五年四月卅日、章任敍従四位上事、齊〔齋〕院渡御彼朝臣宅賞、

○源章任ヲ従四位上ニ敍スルコト、便宜合敍ス、馨子内親王ヲ賀茂齋院ニト定シ、三宮ニ准ジテ、年官・年爵ヲ賜フ、尋デ、廿二日、之ヲ賀茂社ニ奉告スルコト、四年十二月十六日ノ條ニ、ソノ御所ニ服女アリ、仍リテ之ヲ追卻シ、御祓ヲ行ハシムルコト、本年正月四日ノ第二條ニ、中宮、藤原威子賀茂社ニ奉幣シテ、賀茂齋院ニ馨子内親王ヲ立テ奉ル由ヲ祈リ給フコト、二月二十日ノ條ニ見ユ、

二十七日、丁卯、御惱ニ依リテ、三壇御修法及ビ大般若經幷ニ法華經不斷御讀經ヲ行フ、

〔左經記〕○谷森本

效驗アリ

結願

四月

廿七日、丁卯、天晴、傳聞、依內(後一條天皇)御虎〔瘧イ〕病、始自今日被修三壇御修法幷大般若・法華經等不斷御讀經等、日次雖不宜、依爲急事被定行云々、

廿九日、己巳、天晴、風聞、昨日內虐〔瘧イ〕病不令發給云々、佛法靈驗可悅可貴也、

五月

二日、壬申、天陰時々小雨、○中略、興福寺維摩會ノコトニカヽル、十月十日ノ條ニ收ム、及晩陰雲晴明、內堅〔豎〕來云、左衞門尉仰、明日御讀經結願可參入者、令申可參入之由云々、

三日、癸酉、天氣或陰或晴、時々微雨、巳剋參殿、(藤原賴通)御共參女院、(上東門院藤原彰子)次參內、大般若・法華經御讀經等結願、仍上達部多被參入、申剋乍〔兩カ〕幷結願、仍兩度堂童子參上、一度行香、

○流布本ヲ以テ校ス、

〔小記目錄〕二十御藥事 ○京都御所東山御文庫本

長元五年四月廿五日、依主上(後一條天皇)御瘧病事、不可有直物事、○六月三日ノ第一條參看、

長元五年四月廿三日、主上令煩瘧病給事、

長元五年四月廿八日、主上不令發給事、御加持僧有祿事、

雨快ク降ラザルニ依リテ早田違期スベシ

使ハ藏人

上卿藤原經通

〔小記目錄〕九 佛事上 臨時御讀經事付院宮御讀經 ○九條家本

（長元五）同年五月三日、御讀經結願事、

二十八日、戊辰、丹生・貴布禰兩社ニ奉幣シテ、雨ヲ祈ラシム、

〔左經記〕○谷森本

四月

十九日、己未、天晴、日來有所勞不出仕、此兩三日頗宜、仍參關白殿、（藤原賴通）人々云、時々雖降雨、依不快降、早由（田カ）可違期云々、

廿八日、戊辰、天陰降終日雨、風聞、以藏人爲勅使、被奉丹生・貴布禰兩社幣・馬、是數日依不雨、田舍愁歎云々、仍被定行云々、但依御藥、（後一條天皇）自昨日於大內有御修法・御讀經等、○本月二十七日ノ條參看、仍右衞門督（藤原經通）奉勅、於左衞門陣座被立件使云々、

〔日本紀略〕後一條院

四月

廿八日、戊辰、祈雨奉幣、

〔小記目錄〕諸社奉幣事付神寶・十列 ○九條家本

同廿七日〈長元五年四月〉、内裏被行佛事間、〇本月二十七日ノ條參看、被立御幣使事、

〔小記目錄〕〇九條家本 祈雨事

同五年〈長元〉四月廿八日、祈雨奉幣使事、依被行佛事、於陣外給宣命事、

〇仁海ヲシテ、神泉苑ニ於テ、請雨經法ヲ修セシム、又、安倍時親ヲシテ、五龍祭ヲ行ハシムルコト、五月一日ノ條ニ、七大寺ニ於テ、御讀經ヲ修セシメ、雨ヲ祈ラシムルコト、同月八日ノ第三條ニ、炎旱ニ依リテ、御トヲ行フコト、同月十日ノ條ニ、重ネテ丹生・貴布禰兩社ニ奉幣シテ、雨ヲ祈ラシムルコト、同月十八日ノ條ニ、大極殿ニ於テ、仁王經ヲ轉讀セシメ、雨ヲ祈ラシムルコト、同月二十日ノ條ニ、石清水八幡宮等ノ諸社ニ於テ、仁王經ヲ轉讀セシメ、雨ヲ祈ラシムルコト、同月二十四日ノ第一條ニ、大極殿ニ於テ、仁王經ヲ轉讀セシメ、雨ヲ祈ラシムルコト、同日ノ第二條ニ、炎旱ニ依リテ、大神宮ニ奉幣スルコト、六月二日ノ第一條ニ、祈雨ノ爲メ、大極殿ニ於テ、臨時仁王會ヲ行フコト、同月十五日ノ條ニ、旱魃ニ依リテ、軒廊御トヲ行フコト、同月二十日ノ條ニ、旱魃ニ依リテ、大極殿ニ於テ、千僧御讀經ヲ行フコト、同月二十七日ノ條ニ見ユ、

是月、陽明門ヲ修造ス、

〔御即位部類〕○神宮文庫所蔵

繼塵記

文保二年三月

四日、乙丑、晴、○中略、後醍醐天皇、太政官廳ニ於テ、御即位アラセラル、コトニカヽルヽ、文保二年三月二十九日ノ條ニ收ム、

泰光朝臣勘例

○中略

一、三月四日〔月カ〕門修理例

長元五年三月廿三日、四月十日、可被修理陽明門之由、先祖時親〔安倍〕朝臣注進之、於修理者無其禁忌云々、

右、粗注進言上如件、

二月廿五日　散位安倍泰光

〔山槐記〕

治承四年二月

十五日、丁酉、天晴、〇中略

禁忌月壊門立門事、

〇中略長元年中四月修補陽明門、〇中略

二月十二日

陰陽頭賀茂在憲

祈雨

紺幄ヲ立ツベシ

請雨經法修中ニハ必ズ五龍祭ヲ行フ

微雨

五月 小盡 辛未朔

一日、辛未、權大僧都仁海ヲシテ、神泉苑ニ於テ、請雨經法ヲ修セシム、又、陰陽助安倍時親ヲシテ、五龍祭ヲ行ハシム、

〔左經記〕○谷森本

五月

一日、辛未、天晴、頭辨（藤原經任）令大藏錄成重案内云、爲祈雨、始自今日七个〔箇イ〕日、以仁海僧都於神泉可被修請雨經法、而紺幄一宇可立云々、其幄若可用何所乎、報云、前年争仰大藏省令用意、而未然降雨、仍不被行御修法、於幄者返預彼省了、定候省底歟、可被尋問者、

三日、癸酉、天氣或陰或晴、時々微雨、巳剋參殿（藤原賴通）、御共參女院（上東門院藤原彰子）、次參内、○中略、御惱ニ依リテ、三壇御修法及ビ大般若經幷ニ法華經不斷御讀經ヲ行フコト、四月二十七日ノ條ニ收ム、藏人辨（源經長）於鬼間申殿云、仁海令申云、先例被行請雨經法之時、修中間、於神泉必被行五龍祭者、仰云、早召仰時親（安倍）可令奉仕者、卽召仰了云々、

四日、甲戌、天陰、○中略、祈年穀ニ依リテ、二十一社ニ奉幣スルコト、本月七日ノ條ニ收ム、午後微雨、海〔仁脱カ〕僧都靈驗歟、前年被修此法之時、○元年四月十三日ノ條參看、或僧云、請雨經法云、若理運不可降雨、修中之間暗陰不令明日云々、而二日以後天陰少雨、密法靈驗可隨喜之〔也イ〕云々、

降雨

六日、丙子、天陰、自夜中降雨、〇中略、同上、又自今日三日、陰陽〇助脱カ安〔マヽ〕〔倍〕朝臣時親於神泉蒙〔宛イ〕可奉仕五龍祭云々、是云々〔衍カ〕是等皆依祈雨也、

二箇日延行

八日、戊寅、天陰、〇中略、前齋院選子内親王家々司ヲ補スルコト及ビ最勝講ヲ行フコトニカヽル、ソレゾレ四年九月二十二日ノ條及ビ本月八日ノ第二條ニ收ム、降雨依不快、請雨經御修法被延二箇日云々、

降雨

九日、己卯、天陰時々降雨、地面頗閇〔潤カ〕、定爲農事助歟、

御物忌
今四箇日延行

十日、庚辰、天晴、有召籠御物忌、藏人辨相示云、依降雨不快、請雨經御修法今四箇日可延之由被仰、

結願
二七日

十五日、乙酉、天晴、〇中略、藤原頼通家法華三十講ノコトニカヽル、本月十二日ノ條ニ收ム、神泉御修法今朝結願云々、二七箇日修中時々雖降雨、其調〔潤イ〕不快、仍又於諸神社可有御讀經之申〔由イ〕有儀〔議イ〕云々、〇本月二十四日ノ第一條參看、

六月

仁海請雨經法ニツキテ源經頼ニ語ル
空海以來法ヲ行フ人七人
ソレゾレノ驗ノ有無

六日、乙巳、天晴、仁海僧都被過、言談次被示云、弘法大師〔空海〕被傳請雨經之法之後、依旱行此法之人七人也、大師・眞雅・聖寶〇延喜八年七月十九日ノ條參看、・寛空〇天暦二年六月十四日ノ第一條參看、等僧正・元果〔杲、下同ジ〕〇寛和元年六月二十八日ノ條參看、・元眞〇正暦二年六月三日ノ第一條參看、等僧都幷仁海也、而大師有驗、眞雅・聖寶驗有無不注、寛空修中不雨、隨身卷數參內、侍〔待カ〕召之間、於瀧〔口脱カ〕陣下急修法之無驗、彈指、俄雷鳴雨降、

空海修法ノ時龍王現形ノ所ニ神供ヲ修ス

豐樂院修造工等臥龍ノ昇天ヲ見ル

仁海ノ易笠龍臥地底

六日ヲ經テ雨降ル

主上令随喜給云、元果有驗有賞、元眞無驗、仁海先年有驗蒙賞、此度二七个〔箇イ〕日間降雨三箇度、就中初七日間、於神泉中嶋聊修神供、大師修法之時、龍王現刑〔形イ〕所也、歸去之間、其所白雲忽立昇、是異相也、又次七日結願了赤斑虵四五尺許出自爐壇下入池中、是又有故、雖然依事々不披露、今有次語汝也者、

八日、丁未、天晴、○中略主計頭賴隆〔清原〕眞人語云、今日豐樂院修造○元年四月三日ノ第二條參看、工等云、昨日微風漸次〔吹カ〕、自〔白イ〕雨俄降、○七日、降雨ノコト、六月二日ノ第一條ニ見ユ、自眞言院西方、臥龍一雙忽昇天、其後陰雲滿天、雷雨殊甚云々、近曾仁海僧都易華〔笠イ〕云、龍臥地底、仍不雨歟云々、如聞臥龍昇天、降雨無疑歟、○流布本ヲ以テ校ス、

〔皇代記〕○後一條○千鳥祐順氏所藏

五□〔長元〕〔年〕、□〔壬申〕〔一〕、是年依有旱魃□月六日、於神泉苑、以大僧都仁海令修□□□〔請雨經法カ〕、經六日雨降、

〔覺禪鈔〕請雨法上

修法先跡付

○中略

長元五年五月一日

結願ノ日大雨トノ說

仁海僧正

○中略長元五〔年〕—五〔月〕—一日、始修之ヲ、于時大僧都、七日之間小雨三度、延修二个日、一日夜之間雨注、猶今五个日延修、十五日ノ夜降雨、十四日結願シテ罷出ル間、大雨降注ス、○中略

已上於神泉ニ修之云々、

〔祈雨日記〕○後一條院醍醐寺三寶院本

小野僧正〔仁海〕仁〔海イアリ〕記云、長元五年壬申、天下旱魃、權大僧都仁海五月一日蒙宣旨、蒙〔衍カ〕奉修請雨經法、七个日內小〔雨イアリ〕三个度降注、延修二个日、一日夜間降注、於今五个日延修、其間往詣中嶋、□殊致念誦、以佛舍利供奉龍王、還渡修屋之間、從中嶋而紫雲忽聳、自壇下三尺許赤斑蛇出現、卽入池雨了、十四日夜降雨、十五日結願罷出間、大雨降注、○祈雨法記ヲ以テ校ス、

〔請雨經法日記〕○宮內廳書陵部所藏

請雨經法勤修時代等事

○中略

後一條　仁海四度、

○中略

長元五年、
○中略

結願日數事
○中略

長元五年、二七日、

〔東寺長者補任〕一

長者權大僧都仁海法|〔務〕、○中略　五月一日於神泉始行請雨經法、同十五日結願、大降雨、

〔小記目録〕祈雨事 ○九條家本

（長元五年）同五月一日、於神泉苑被行請雨經法事、

同七日、請雨經御修法、被延行事、

同十日、神泉苑請雨經御修法、被延引〔行カ〕事、

同十五日、請雨經御修法被延行日、忽從神泉中嶋白雲立登事、

○御物忌ノコト、便宜合敍ス、東寺王代記・祕密宗要文・眞言傳六・三寶院傳法血脈、異事ナキヲ以テ略ス、丹生・貴布禰兩社ニ奉幣シテ、雨ヲ祈ラシムルコト、四

月二十八日ノ條ニ、七大寺ニ於テ、御讀經ヲ修セシメ、雨ヲ祈ラシムルコト、本月八日ノ第三條ニ、炎旱ニ依リテ、御卜ヲ行フコト、同月十日ノ條ニ、重ネテ丹生・貴布禰兩社ニ奉幣シテ、雨ヲ祈ラシムルコト、同月十八日ノ條ニ、大極殿ニ於テ、仁王經ヲ轉讀セシメ、雨ヲ祈ラシムルコト、同月二十日ノ條ニ、石淸水八幡宮等ノ諸社ニ於テ、仁王經ヲ轉讀セシメ、雨ヲ祈ラシムルコト、同月二十四日ノ第一條ニ、大極殿ニ於テ、仁王經ヲ轉讀セシメ、雨ヲ祈ラシムルコト、同日ノ第二條ニ、炎旱ニ依リテ、大神宮ニ奉幣スルコト、六月二日ノ第一條ニ、祈雨ノ爲メ、大極殿ニ於テ、臨時仁王會ヲ行フコト、同月十五日ノ條ニ、旱魃ニ依リテ、軒廊御卜ヲ行フコト、同月二十日ノ條ニ、旱魃ニ依リテ、大極殿ニ於テ、千僧御讀經ヲ行フコト、同月二十七日ノ條ニ見ユ、

五日、乙亥、政、請印、

〔左經記〕○谷森本

五月

五日、乙亥、天氣晴陰不定、○中略、祈年穀ニ依リテ、二十一社ニ奉幣スルコトニカヽル、本月七日ノ條ニ收ム、次參結政、召使等可不參、仍

中辨以下ノ不參

上卿源師房

請印南所申文ナシ

日次ニツキテノ論

清原頼隆ノ意見

賀茂保憲曆林

以官掌清仲爲其代、以史生清澄（川）爲官掌代著、中辨以下不參、仍史法由、〔結申イ〕了申文、暫外記奉上宣、以清仲爲召使代、左衞門督（源師房）聽〔著脱カ〕、余（源經頼）依上御消息、令申無申文之由著聽、依中辨以下不參、不令結南申文、請印了著南、羞饌之後、余向上方申云、申文ム無シ、上揖置笏立箸、余以下從之、入内之儀皆如常、

十七日、丁亥、天晴、參結政、左大辨（藤原重尹）同參入、權中納言（藤原定頼）參著左衞門陣、少納言依遲參、左少辨追付座、雖然余申無申文之由、是尋先例、當座上﨟辨所申也、若辨不參者、少納言上﨟申之、故余申之、〔也イ〕余了〔及カ〕少納言勸杯、預取杓、取次杓、巡行了拔箸起座、上不著聽入内、隨結政了入内、

○十七日、結政ノコト、便宜合敍ス、

七日、丁丑、祈年穀ニ依リテ、二十一社ニ奉幣ス、

〔左經記〕○谷森本

五月

三日、癸酉、天氣或陰或晴、時々微雨、○中略、御惱ニ依リテ、三壇御修法・大般若經幷ニ法華經不斷御讀經ヲ行フコト及ビ仁海ヲシテ、神泉苑ニ於テ、請雨經法ヲ修セシム、又、安倍時親ヲシテ、五龍祭ヲ行ハシムルコトニカカル、ソレゾレ四月二十七日ノ條及ビ本月一日ノ條ニ收ム、今朝主計頭頼隆（清原）云、來六・七日間可被立祈年穀幣使云々、件兩日共五貧日也、保憲（賀茂）曆林云、五貧日祭神不利、不不（衍カ）收〔取イ〕穀云々、五日

五貧日ヲ忌ム

安倍時親巨勢孝秀ノ意見

五貧日ヲ忌マズ重日ヲ忌ム

賀茂保憲ヲ以テ陰陽ノ規模トス

上卿藤原齊信

如本修者最甲〔吉カ〕日也、重日祈雨先例不少云々、○以上二十字イナシ、以此由申殿〔藤原頼通〕、仰云、件兩日陰陽師雖申不快之由、自來八日依可被行最勝講、○本月八日ノ第二條參看、早可擇申件日々問之由有仰、所勘申也、頼隆如申可然、又々尋而可一定者、令參内給、可召同〔問イ〕時親〔安倍〕之由、被仰藏人辨〔源經長〕云々、

四日、甲戌、天陰、早旦案内奉幣日事於藏人辨許、通報〔返〕云、〔時報云イアリ〕時親・孝秀〔巨勢〕等申云、五貧日不祭、是小人所云也、陰陽家專不忌、先例多所勘申也、重日尤可被忌避、仍尚六日可被奉幣者、以此旨示頼隆眞人、答云、五貧忌先賢重所誡也、當朝以保憲爲陰陽基模〔規〕、何以彼抄爲謬説乎、抑重日被立祈雨幣使之例不少、延喜三年七月廿五日辛亥〔癸〕、○七日乙巳ノ誤リナラン、炎旱旬ニ渉ルヲ以テ、雨ヲ十社ニ祈ル、尋デ、御讀經ヲ行フコト、延喜三年七月七日ノ條ニ見ユ、被奉祈雨幣、同十三〔四〕年五月十五日辛亥、伊勢幷諸社奉同幣、○延喜十四年五月十五日ノ條參看、同十九年七月四日己巳、廣瀬・龍田祭、同日十三社被奉同幣、○延喜十九年七月四日ノ條參看、天延三年六月四日乙巳、有八省行幸、有止雨奉幣、○天延三年六月四日ノ條參看、長德三年七月十九日辛巳、有八省行幸、廿一社被奉祈年穀幣使、○長德三年七月十九日ノ條參看、長保五年五月四日癸巳、有同奉幣、○長保五年五月四日ノ條參看、寛弘二年二月十五日癸巳、有奉幣○寛弘二年二月十五日ノ條參看、云々〔云イ〕、先例如此、何弃有例之吉日、被用有忌之要日、有勅云々〔衍カ〕、重日有〔衍〕有祈年穀御祈之例可勘申云〔者カ〕、仍勘進如此之例、因之被行奉幣・讀經了、古今例如此、尚又了〔々イ〕可被尋行歟、以此例可申行事上卿

炎旱ニ依ル
頼隆ノ説ヲ用キラル

民部卿〔藤原齊信〕、是今朝依有被仰事也云々、○中略、仁海ヲシテ、神泉苑ニ於テ、請雨經法ヲ修セシム、又、安倍時親ヲシテ、五龍祭ヲ行ハシムルコトニカヽル、本月一日ノ條ニ收ム、及晩景、頼隆眞人六日禁忌等勘出云、以此勘文可令覽殿者、其文云、五月六日丙子、厭對・往亡・五貧等日也、厭對日祠祀害家長、大凶、往亡日不可祄〔初イ〕〔祠カ〕祀、大凶、五貧日祠祀凶、夏五月丙子日祭神貧窮、天窮日、又尋先例、寛弘七年五月十日戊子、被立祈年穀幣使、子日、五〔衍カ〕厭對・五貧日也、○寛弘七年五月十日ノ條參看、○同八年二月廿三日丁卯、被立同使、卯日、厭對・五貧日也、○同八年二月二十三日ノ條參看、同年六月一條院崩云々、○同年六月二十二日ノ條參看、家長文〔又カ〕可恐可避、此外用此日之例不見不聞、以此由可洩申云々、又重被祈年穀之例勘副送之、

五日、乙亥、天氣晴陰不定、參殿申頼隆眞人令申之旨、仰云、如注申誠不宜之日也、相定可一定者、

六日、丙子、天陰、自夜中降雨、史公頼來云、昨日中宮大夫〔齊信〕被參左仗、被開伊勢使卜串、又明日々次依不宜、七日可立幣使之由、奉勅被退出、

七日、丁丑、天晴、不他行、依炎旱有廿一社奉幣云々、件幣昨日可被立之由、有陰陽寮勘申、而頼隆眞人厭對日可忌之由依令申、○流布本ヲ以テ校ス、

〔日本紀略〕後一條院

使者改定

上卿藤原實資

藤原重尹定文ヲ書ク

五月

七日、丁丑、祈年穀奉幣廿一社、

〔小記目録〕三 年中行事三 二月 祈年穀奉幣事 ○九條家本

(長元五)同年五月一日、祈年穀奉幣定事、

同年同月六日、祈年穀奉幣使改定事、

同年同月七日、祈年穀奉幣使事、

八日、戊寅、位祿定、

〔左經記〕○谷森本

五月

八日、戊寅、天陰、○中略、前齋院選子内親王家々司ヲ補スルコトニカヽル、四年九月二十二日ノ條ニ收ム、今日可參最勝講○本日ノ第二條參看、之由、一日依關白(藤原頼通)御消息可參入、其次欲令奏位祿(目録)、令具文書等幷可參會者、令申奉了由、又可令具文書等之由、遣仰大夫史貞行宿禰(小槻)許、頃之官掌守正來云、爲令申位祿文、右大殿(藤原實資)可被參陣、可參入之由權左中辨殿(藤原經任)所令申也者、令報可參之由了、及未剋參內、右府(實資)於仗座、令奏位祿(祿)目録、返給之後、令左大辨(藤原重尹)書可給禁國人々幷殿上分國々給左少辨(源經長)、被參殿上、

僧名定
證誠慶命

〔小記目録〕三　年中行事三　二月　位祿付大粮　○九條家本

五

同年(長元)五月八日、位祿定事、

最勝講ヲ行フ、

〔左經記〕○谷森本

五月

三日、癸酉　天氣或陰或晴、時々微雨、○中略、御惱ニ依リテ、三壇御修法・大般若經幷ニ法華經不斷御讀經ヲ行フコト及ビ仁海ヲシテ、神泉苑ニ於テ、請雨經法ヲ修セシム、又、安倍時親ヲシテ、五龍祭ヲ行ハシムルコトニカカル、ソレゾレ四月二十七日ノ條及ビ本月一日ノ條ニ收ム、入夜於晝御座方、被定最勝講僧名云々、

七日、丁丑、天晴、○中略、祈年穀ニ依リテ、二十一社ニ奉幣スルコトニカカル、本月七日ノ條ニ收ム、〔脱アルカ〕後六口僧等參入之例被尋之間、依有其例被行云々、是自明日五五〔衍〕箇日、爲祈年穀、於御在所依可被行最勝講、所被尋問云々、

八日、戊寅、天陰、○中略、前齋院選子内親王家々司ヲ補スルコトニカカル、四年九月二十二日ノ條ニ收ム、今日可參最勝講之由一日依關白〔藤原頼通〕御消息、可參入、○中略、位祿定ノコトニカカル、本日ノ第一條ニ收ム、申剋、頭辨〔藤原經任〕奉仰令打鐘、出居昇、上達部著御前座、諸僧昇、講・讀師著座、堂童子著、散花了頭辨奉勅進疏〔跪カ〕講師下、仰御講旨、朝座了行香、僧下、上達部・出居下、有仰打鐘、夕講了退出、證誠、慶命、講師、明尊・定基・教圓・堪願〔融碩カ〕・經救・源心・蓮照〔昭〕・淸慶〔濟〕・道讚・眞範、聽衆、懷命・以圓・有慶・宗源・忠命・觀譽・有命・源眞・定明・圓空、

御物忌

結願

度者ヲ給フ

布施

九日、己卯、天陰時々降雨、○中略、仁海ヲシテ、神泉苑ニ於テ、請雨經法ヲ修セシム、又、安倍時親ヲシテ、五龍祭ヲ行ハシムルコトニカヽル、本月一日ノ條ニ收ム、及未剋參內、有仰打鐘、及秉燭講了、僧退出、始自明日二个〔箇イ〕御物忌可固、仍關白殿幷可然上達部可被籠候云々、昨今日同雖御物忌、有定外宿參入也、

十二日、壬午、天晴、巳剋參內、午剋有仰打鐘、出居・上達部昇、僧昇、講論了僧俗下、有仰打鐘、出居・上達部・僧次第昇殿、散花了、仰給度者之由、講論了行香、次民部卿〔藤原齊信〕以下次第起座、取祿施僧、藏人辨〔源經長〕於殿上小板敷下取之、進東戶下授上達部、不候御前上達部者於殿上取祿進出、上達部不足者殿上人取、六位取威儀師祿、於南廊打橋下行之、次弓場給布施絹、次關白殿率諸卿退出、

〔日本紀略〕後一條院

五月

十二日、壬午、最勝講了、

〔小記目錄〕五 年中行事五　最勝講事 ○九條家本

同〔長元〕五年五月八日、最勝講始事、

同年十〔一〕〔五〕月十二日、最勝講結願事、

七大寺ニ於テ、御讀經ヲ修セシメ、雨ヲ祈ラシム、

東大寺御讀經卷數僧名

龍穴社御讀經

炎旱

五箇日

〔小右記〕○宮内廳書陵部所藏伏見宮本

五月

十五日、乙酉、○中略、大極殿ニ於テ、仁王經ヲ轉讀セシメ、雨ヲ祈ラシムルコトニカヽル、本月二十日ノ條ニ收ム、臨夜頭辨(藤原經任)持來東大寺御讀經卷數・僧名等、寺々僧名、合二百八十餘口、令奏聞、

〔左經記〕○谷森本

四月

卅日、庚午、天晴、頭辨消息云、爲祈雨可被行龍穴御讀經、其儀如何、返報云、奉勅之人仰上卿、令勘奏日時之後、可然僧綱一人率十口僧參彼寺、何箇日可轉讀其經之由、賜宣旨於興福寺、又可運充供米料之由、賜宣旨於大和國云々、

五月

三日、癸酉、天氣或陰或晴、時々微雨、○中略、御惱ニ依リテ、三壇御修法及ビ大般若經幷ニ法華經不斷御讀經ヲ行フコトニカヽル、四月二十七日ノ條ニ收ム、藏(源經長)人辨於鬼間申殿(藤原賴通)云、○中略、仁海ヲシテ、神泉苑ニ於テ、請雨經法ヲ修セシム、又、安倍時親ヲシテ、五龍祭ヲ行ハシムルコトニカヽル、本月一日ノ條ニ收ム、又頭辨申云、民(藤原齊信)部卿令奏云、炎旱時先例多於七大寺等有御讀經云々、仰、可然之事也、旱〔早イ〕可奏行者、

八日、戊寅、天陰、○中略、前齋院選子内親王家々司ヲ補スルコト及ビ最勝講ヲ行フコトニカヽル、四年九月二十二日ノ條及ビ本日ノ第二條ニ收ム、又自今日五箇日、於

日時定

七大寺有祈雨御讀經云々、以本寺供可爲供云々、〇流布本ヲ以テ校ス、

〔小記目錄〕祈雨事〇九條家本

（長元五年五月）同三日、可有旱魃御祈事、

同四日、七大寺御讀經日時定事、

同日、同寺僧於東大寺大佛殿、〔五カ〕三箇日可令轉讀仁王經事、依祈雨也、

同廿二日、東大寺御讀經、以國司爲勅使事、

〇大和龍穴社御讀經ノコト、便宜合敍ス、丹生・貴布禰兩社ニ奉幣シテ、雨ヲ祈ラシムルコト、四月二十八日ノ條ニ、仁海ヲシテ、神泉苑ニ於テ、請雨經法ヲ修セシム、又、安倍時親ヲシテ、五龍祭ヲ行ハシムルコト、本月一日ノ條ニ、炎旱ニ依リテ、御トヲ行フコト、同月十日ノ條ニ、重ネテ丹生・貴布禰兩社ニ奉幣シテ、雨ヲ祈ラシムルコト、同月十八日ノ條ニ、大極殿ニ於テ、仁王經ヲ轉讀セシメ、雨ヲ祈ラシムルコト、同月二十日ノ條ニ、石清水八幡宮等ノ諸社ニ於テ、仁王經ヲ轉讀セシメ、雨ヲ祈ラシムルコト、同月二十四日ノ第一條ニ、大極殿ニ於テ、仁王經ヲ轉讀セシメ、雨ヲ祈ラシムルコト、同日ノ第二條ニ、炎旱ニ依リテ、大神宮ニ奉幣ス

巽艮方神事違例
上卿源師房

神祇官御卜ナシ

御物忌

ルコト、六月二日ノ第一條ニ、祈雨ノ爲メ、大極殿ニ於テ、臨時仁王會ヲ行フコト、同月十五日ノ條ニ、旱魃ニ依リテ、軒廊御卜ヲ行フコト、同月二十日ノ條ニ、旱魃ニ依リテ、大極殿ニ於テ、千僧御讀經ヲ行フコト、同月二十七日ノ條ニ見ユ、

十日、庚辰、炎旱ニ依リテ、御卜ヲ行フ、

〔小右記〕○宮内廳書陵部所藏伏見宮本

五月

十一日、辛巳、頭辨(藤原經任)書狀云、依炎旱昨夕有御占、理運□巽艮方神事違例之所致云々、左(源師房)金吾奉行云々、大外記久(文)義(小野)云、去夕忽有召、卽參入、宮中被行佛事之間、○本月八日ノ第二條參看、有神祇(官カ)□御卜哉、令申云、無所見、於(本カ)□官有御卜例、亦陰陽寮一官於陣腋有占申之例者、仍陰陽占申、無神祇官御卜、最勝講始日、○同上可有御卜哉否事、(闕脱カ)白(藤原賴通)被問下官(藤原實資)、答云、霖雨・旱魃之時、有有神祇官・陰陽寮卜、但宮中觸穢・佛事等之時、神祇官於本(官脱カ)卜申歟、

〔左經記〕○谷森本

五月

十日、庚辰、天晴、有召籠御物忌、藏人辨(源經長)相示云、○中略、仁海ヲシテ、神泉苑ニ於テ、請雨經法ヲ修セシム、又、安倍時親ヲシテ、五龍祭ヲ行ハシ

ムルコトニカヽル、本月一日ノ條ニ収ム、又左衞門督（師房）奉勅、召陰陽寮於陣頭、令占不降雨之由、理運之旨、巽方、此方神々事違例之咎云々、令外記内覽云々、關白殿及晩出給、仍以外記可送之由有仰也、

○丹生・貴布禰兩社ニ奉幣シテ、雨ヲ祈ラシムルコト、四月二十八日ノ條ニ、仁海ヲシテ、神泉苑ニ於テ、請雨經法ヲ修セシム、又、安倍時親ヲシテ、五龍祭ヲ行ハシムルコト、本月一日ノ條ニ、七大寺ニ於テ、御讀經ヲ修セシメ、雨ヲ祈ラシムルコト、同月八日ノ第三條ニ、重ネテ丹生・貴布禰兩社ニ奉幣シテ、雨ヲ祈ラシムルコト、同月十八日ノ條ニ、大極殿ニ於テ、仁王經ヲ轉讀セシメ、雨ヲ祈ラシムルコト、同月二十日ノ條ニ、石清水八幡宮等ノ諸社ニ於テ、仁王經ヲ轉讀セシメ、雨ヲ祈ラシムルコト、同月二十四日ノ第一條ニ、大極殿ニ於テ、仁王經ヲ轉讀セシメ、雨ヲ祈ラシムルコト、同日ノ第二條ニ、炎旱ニ依リテ、大神宮ニ奉幣スルコト、六月二日ノ第一條ニ、祈雨ノ爲メ、大極殿ニ於テ、臨時仁王會ヲ行フコト、同月十五日ノ條ニ、旱魃ニ依リテ、軒廊御卜ヲ行フコト、同月二十日ノ條ニ、旱魃ニ依リテ、大極殿ニ於テ、千僧御讀經ヲ行フコト、同月二十七日ノ條ニ見ユ、

十二日、壬午、關白左大臣藤原頼通家法華三十講、

證誠

講師

五巻日

講三座

結願

〔左經記〕○谷森本

五月

十二日、壬午、天晴、巳刻參內、○中略、最勝講ヲ行フコトニカカル、本月八日ノ第二條ニ收ム、次關白殿(藤原頼通)率諸卿退出、高陽院始卅講、先打鐘、諸僧入堂、講師教圓僧都、問經枚〔同イ〕〔救イ〕律師、講論了行香、次僧俗退出、證誠慶命〔小字カ〕僧正・明尊・定基僧都、講師教圓僧教(都)・源心・經救・脩〔濟カ〕慶・眞範・道讃已講・以圓・蓮照〔昭〕律師・忠命・尋算闍梨・慶暹・聖範・有命・慶意・頼信、

十五日、乙酉、天晴、○中略、仍參殿(頼通)、朝・夕講了、及秉燭退出、

十七日、丁亥、天晴、○中略、結政ノコトニカカル、本月五日ノ條ニ收ム、暫參殿、朝・夕講了退出、

十八日、戊子、天晴、午剋參殿、及未剋僧俗參會、散花間大〔太イ〕閤(頼通)以下捧々物、廻池岸三匝、次第著座、講論了僧俗羞饌、入夜退出、

廿一日、辛卯、天晴、參殿、有定、被行講三座、入夜退出、

廿二日、壬辰、天晴、○中略、賑給使ヲ定ムルコト及ビ石清水八幡宮等ノ諸社ニ於テ、仁王經ヲ轉讀セシメ、雨ヲ祈ラシムルコトニカカル、ソレゾレ本月二十二日ノ條及ビ同月二十四日ノ第一條ニ收ム、次右府(藤原實資)爲聽聞被參殿、左大辨(藤原重尹)・余(源經頼)同參入、今日又有三座、及晩景歸宅、

廿四日、甲午、天氣或晴或陰、時々降雨、午剋參殿、

廿七日、丁酉、天晴、○中略、大極殿ニ於テ、仁王經ヲ轉讀セシメ、雨ヲ祈ラシムルコトニカカル、本月二十四日ノ第二條ニ收ム、中宮權大夫(藤原能信)以下行參殿卅

講結願、了行香、殿下裝束准御（イナシ）坐不立給之（不イナシ）、行香了宰相以下殿上五位以下〔上カ〕取布施、々諸僧之〔也イ〕、〇流布本ヲ以テ校ス、

〔日本紀略〕後一條院

五月

十二日、壬午、〇中略、最勝講ヲ行フコトニカカル、本月八日ノ第二條ニ收ム、今日、關白左大臣家法華三十講始、

〔小記目錄〕十佛事下　御八講事　臣下　〇九條家本

同（長元）五年五月十二日、關白被行卅講事、

同廿七日、關白卅講結願事、

十五日、乙酉、內大臣藤原敎通病ム、

〔小右記〕〇宮內廳書陵部所藏伏見宮本

五月

十五日、乙酉、〇中略、大極殿ニ於テ、仁王經ヲ轉讀セシメ、雨ヲ祈ラシムルコト及ビ七大寺ニ於テ、御讀經ヲ修セシメ、雨ヲ祈ラシムルコトニカカル、ソレゾレ本月二十日ノ條及ビ同月八日ノ第三條ニ收ム、

相成（和氣）朝臣云、內府（藤原敎通）被勞熱物、雖無殊恐所□禁所、皆骨內、

十八日、戊子、重ネテ丹生・貴布禰兩社ニ奉幣シテ、雨ヲ祈ラシム、

〔小右記〕〇宮內廳書陵部所藏伏見宮本

上卿藤原資平
使ハ藏人黑毛ノ馬ヲ奉ル

五月
十五日、乙酉、○中略、大極殿ニ於テ、仁王經ヲ轉讀セシメ、雨ヲ祈ラシムルコト及ビ七大寺ニ於テ、御讀經ヲ修セシメ、雨ヲ祈ラシムルコトニカヽル、ソレゾレ本月二十日ノ條及ビ同月八日ノ第三條ニ收ム、辨(藤原經任)云、十八日可被立丹生・貴布禰使、

〔左經記〕○谷森本
五月
十八日、戊子、天晴、○中略、藤原賴通家法華三十講ノコトニカヽル、本月十二日ノ條ニ收ム、傳聞、巳剋侍從中納言(藤原資平)參內、被立丹生・貴布禰幣使、丹生右衞門尉實綱(藤原)・貴布禰左衞門尉信尹(藤原)云々、各被加奉黑毛馬云々、

〔小記目錄〕祈雨事○九條家本
(長元五年五月)同十八日、祈雨奉幣事、丹・貴、

○丹生・貴布禰兩社ニ奉幣シテ、雨ヲ祈ラシムルコト、四月二十八日ノ條ニ、仁海ヲシテ、神泉苑ニ於テ、請雨經法ヲ修セシム、又、安倍時親ヲシテ、五龍祭ヲ行ハシムルコト、本月一日ノ條ニ、七大寺ニ於テ、御讀經ヲ修セシメ、雨ヲ祈ラシムルコト、同月八日ノ第三條ニ、炎旱ニ依リテ、御卜ヲ行フコト、同月十日ノ條ニ、大極殿ニ於テ、仁王經ヲ轉讀セシメ、雨ヲ祈ラシムルコト、同月二十日ノ條ニ、石清

水八幡宮等ノ諸社ニ於テ、仁王經ヲ轉讀セシメ、雨ヲ祈ラシムルコト、同月二十四日ノ第一條ニ、大極殿ニ於テ、仁王經ヲ轉讀セシメ、雨ヲ祈ラシムルコト、同日ノ第二條ニ、炎旱ニ依リテ、大神宮ニ奉幣スルコト、六月二日ノ第一條ニ、祈雨ノ爲メ、大極殿ニ於テ、臨時仁王會ヲ行フコト、同月十五日ノ條ニ、旱魃ニ依リテ、軒廊御卜ヲ行フコト、同月二十日ノ條ニ、旱魃ニ依リテ、大極殿ニ於テ、千僧御讀經ヲ行フコト、同月二十七日ノ條ニ見ユ、

二十日、庚寅、大極殿ニ於テ、仁王經ヲ轉讀セシメ、雨ヲ祈ラシム、

〔小右記〕○宮内廳書陵部所藏伏見宮本

五月

十五日、乙酉、史憲親進大極殿三百口御讀經僧名、

〔左經記〕○谷森本

五月

十四日、甲申、天陰微雨、巳刻參內、大夫史貞行宿禰〔小槻〕云、去正曆五年、爲攘疫病、以三百口僧五个〔箇イ〕日於大極殿有御讀經、○正曆五年七月二十一日ノ第一條參看、其僧名定、注僧綱・已講名、不注凡僧、亦

僧名定
上卿藤原齊信
三百口僧

導師明尊

度者ヲ給フ

廻向ノ間降雨

布施

定僧數、分召七大寺幷延暦寺、其宣旨云、若有辭退輩、本〔寺脱カ〕請定替、三綱・所司相共參行之云々、及未刻、民部卿（藤原齊信）被定僧名、余（源經頼）執筆、（此度有乍三百口注其名、）及申剋之間定了、副日時文令頭辨（藤原經任）內覽、次奏之、仰云、若有辭退輩者、本寺請其替、兼無故不可令辭云々、見〔及カ〕秉燭退出、此間降雨、

廿日、庚寅、天晴、巳剋參八省、（先參齊〔齋〕院、○馨子內親王）民部卿・左大辨（藤原重尹）兼雖被參入、不著東廊座、被催大極殿云々、仍不著廊座、直參大極殿、高座上懸五大力繪像、供香花・燈明・佛供等、其前壇下之行〔立カ〕香机二脚、（各東西行、）其前立禮盤一脚、高座東西階前立散花机各二脚、（共南北行、置花筥各百五十、）件机等東西敷諸僧等座、（東百五十口、西面南上、西百五十口、東面南上、）又母屋懸幡、上達部座如例、午剋民部卿〔著脱カ〕座仰辨令打鐘、此間關白（藤原頼通）相府入參〔參入カ〕給、上達部著座、次威儀二人相分東西、率僧等出自東西廊下、經南庭、昇自殿南東西階著座、次御導師大僧都明尊著座、堂童子著座、（在殿東西戶內、）次權律師源心・蓮照〔昭イ〕唄、次已講濟慶〔度イ〕・眞範散花、（廻殿壇上一匝之間、陰雲忽起、時々雷電、）散花畢、頭辨奉勅進民部卿許、仰讀經趣、卽進跪導師右仰之〔也イ〕、次頭中將（源隆國）同進、就導師右仰給度者之由、朝座了僧下、（經壇上、）俗下、次打鐘、俗僧入堂、（經壇上、）夕座間雷鳴數度、廻向之間快以降雨、僧俗隨喜、暫晴、入夜歸家、抑夕座間引布施、僧正二口大夫史二人取之、僧綱六位史取、凡僧史生取之、

其法、僧綱絹二疋、凡僧一疋、供加〔加供〕絹引短冊後日可下云々、僧綱一石、凡僧五斗云々、

〔日本紀略〕後一條院

五月

廿日、庚寅、於大極殿、請三百口僧讀仁王經、爲祈雨幷除疾疫也、

〔祈雨日記〕後一條院　○醍醐寺三寶院本

小野〔仁海〕僧正仁〔海イアリ〕記云、長元五年壬申、天下旱魃、○中略、仁海ヲシテ、神泉苑ニ於テ、請雨經法ヲ修セシム、又、安倍時親ヲシテ、五龍祭ヲ行ハシムルコトニカヽル、本月一日ノ條ニ收ム、其後更又炎旱、仍於大極殿、以三百僧轉讀〔讀イ〕〔仁王經カ〕文字前、〔イナシ〕○祈雨法記ヲ以テ校ス、

〔小記目錄〕祈雨事　○九條家本

同十四日、〔長元五年五月〕大極殿御讀經僧名定事、

同十九日、依祈雨、大極殿御讀經事、

○丹生・貴布禰兩社ニ奉幣シテ、雨ヲ祈ラシムルコト、四月二十八日ノ條ニ、仁海ヲシテ、神泉苑ニ於テ、請雨經法ヲ修セシム、又、安倍時親ヲシテ、五龍祭ヲ行ハシムルコト、本月一日ノ條ニ、七大寺ニ於テ、御讀經ヲ修セシメ、雨ヲ祈ラシムルコト、同月八日ノ第三條ニ、炎旱ニ依リテ、御卜ヲ行フコト、同月十日ノ條ニ、重

上卿藤原實資

ネテ丹生・貴布禰兩社ニ奉幣シテ、雨ヲ祈ラシムルコト、同月十八日ノ條ニ、石清水八幡宮等ノ諸社ニ於テ、仁王經ヲ轉讀セシメ、雨ヲ祈ラシムルコト、同月二十四日ノ第一條ニ、大極殿ニ於テ、仁王經ヲ轉讀セシメ、雨ヲ祈ラシムルコト、同日ノ第二條ニ、炎旱ニ依リテ、大神宮ニ奉幣スルコト、六月二日ノ第一條ニ、祈雨ノ爲メ、大極殿ニ於テ、臨時仁王會ヲ行フコト、同月十五日ノ條ニ、旱魃ニ依リテ、軒廊御卜ヲ行フコト、同月二十日ノ條ニ、旱魃ニ依リテ、大極殿ニ於テ、千僧御讀經ヲ行フコト、同月二十七日ノ條ニ見ユ、

二十二日、壬辰、賑給使ヲ定ム、

〔左經記〕○谷森本

五月

廿二日、壬辰、天晴、參內、右府(藤原實資)令給定賑給使、左大辨(藤原重尹)執筆、令藏人辨(源經長)奏之、後給外記、

〔小記目錄〕五 ○九條家本 年中行事五 賑給事

(長元)同五年五月廿二日、賑給使定事、

二十四日、甲午、石清水八幡宮等ノ諸社ニ於テ、仁王經ヲ轉讀セシメ、

僧名定

三箇日十一口僧

上卿藤原能信

僧名定

三箇日七口僧

雨ヲ祈ラシム、

〔左經記〕○谷森本

五月

廿二日、壬辰、天晴、參內、○中略、賑給使ヲ定ムルコトニカカル、本月二十二日ノ條ニ收ム、次定諸社御讀經僧名、加日時文、令頭辨(藤原經任)奏之、後給同辨、石清水・賀茂上下・松尾・平野・稻荷・春日・大原野・大神・住吉・梅宮・吉田・祇薗・北野・比叡、僧綱・凡凡(衍)僧可然每社一人、各率十口僧、始自來廿四日三个〔箇イ〕日之間、轉讀仁王經、可祈甘雨者、便宜國々運充供菜料、諸司・諸衞可裝束社頭之由有宣旨、卽每社差史生一人、可令行事之申〔由イ〕云々、○石清水以下百八字、原ト小字ニ作ル、今意ニ據リテ改ム、

廿四日、甲午、天氣或晴或陰、時々降雨、○中略、藤原賴通家法華三十講ノコト及ビ大極殿ニ於テ、仁王經ヲ轉讀セシメ、雨ヲ祈ラシムルコトニカカル、ソレゾレ本月十二日ノ條及ビ本日ノ第二條ニ收ム、又始自今日、於諸社三个〔箇イ〕日間、每社僧一口率十口僧、可轉讀仁王經之由、一日有宣旨、仍神明加力歟、

廿九日、己亥、天晴、依召參內、○中略、炎旱ニ依リテ、大神宮ニ奉幣スルコトニカカル、六月二日ノ第一條ニ收ム、次頭辨仰同上(藤原能信)云、依旱於石清水・賀茂上下・松尾・平野・稻荷・春日・大原野・北野・比叡等社、三个〔箇イ〕日以七口僧、可令講仁王經、定僧名幷可令勤〔勘カ〕日時者、卽仰辨云、可令進例文・硯等者、外記

執筆源經頼

取入例文之筥、置上御前、史取硯筥置余前、(源經頼)史所候一人、仍用外記、此間上令頭辨奏云、祇薗近代入如此之定、就中來月祭月也、於社々被行佛事、被除彼社不〔所カ〕不快云々、仰、尤可然之事也、可加入者、卽令余書僧名、石淸水大僧都明尊、僧六口、・賀茂上權大僧都定基、僧六口、・同下權少僧都融碩、僧六口、・松尾律師經救、僧六口、・平野權律師源心、僧六口、・稻荷權律師蓮昭、僧六口、・春日法印大和尚位大僧都扶公、僧六口、・大原野源泉、僧六口、・祇薗洛慶〔濟イ〕、僧六口、・北野眞範、僧六口、・比叡大僧正慶命、僧六口、書了奉上、加日時勘文入筥、令藏人奏、々了下上、々召左少辨(源經長)給之、仰云、仰便宜國々可充供米、兼仰諸衞幷便國、令裝束云々、次召大內記(橘孝親)仰可草宣命之由、被退出、余同歸私、○流布本ヲ以テ校ス、

〔祈雨日記〕○後一條院醍醐寺三寶院

小野僧正(仁海)仁記〔海イアリ〕云、長元五年壬申、天下旱魃、○中略、仁海ヲシテ、神泉苑ニ於テ、請雨經法ヲ修セシム、又、安倍時親ヲシテ、五龍祭ヲ行ハシムルコト及ビ大極殿ニ於テ、仁王經ヲ轉讀セシメ、雨ヲ祈ラシムルコトニカ、ル、本月一日ノ條及ビ同月二十日ノ條ニ收ム、猶〔猶イナシ〕於所々神社・〔佛イアリ〕寺有種々祈雨、○祈雨法記ヲ以テ校ス、

○二十九日、炎旱ニ依リテ、石淸水八幡宮等ニ於テ、仁王經ヲ講ゼシムベキコトヲ仰セラル、コト、便宜合敍ス、丹生・貴布禰兩社ニ奉幣シテ、雨ヲ祈ラシムルコト、四月二十八日ノ條ニ、仁海ヲシテ、神泉苑ニ於テ、請雨經法ヲ修セシム、又、安倍時親ヲシテ、五龍祭ヲ行ハシムルコト、本月一日ノ條ニ、七大寺ニ於テ、御讀經ヲ

修セシメ、雨ヲ祈ラシムルコト、同月八日ノ第三條ニ、炎旱ニ依リテ、御トヲ行フコト、同月十日ノ條ニ、重ネテ丹生・貴布禰兩社ニ奉幣シテ、雨ヲ祈ラシムルコト、同月十八日ノ條ニ、大極殿ニ於テ、仁王經ヲ轉讀セシメ、雨ヲ祈ラシムルコト、同月二十日ノ條ニ、大極殿ニ於テ、仁王經ヲ轉讀セシメ、雨ヲ祈ラシムルコト、本日ノ第二條ニ、炎旱ニ依リテ、大神宮ニ奉幣スルコト、六月二日ノ第一條ニ、祈雨ノ爲メ、大極殿ニ於テ、臨時仁王會ヲ行フコト、同月十五日ノ條ニ、旱魃ニ依リテ、軒廊御トヲ行フコト、同月二十日ノ條ニ、旱魃ニ依リテ、大極殿ニ於テ、千僧御讀經ヲ行フコト、同月二十七日ノ條ニ見ユ、

大極殿ニ於テ、仁王經ヲ轉讀セシメ、雨ヲ祈ラシム、

〔左經記〕○谷森本

五月

廿二日、壬辰、天晴、參內、○中略、賑給使ヲ定ムルコト及ビ石清水八幡宮等ノ諸社ニ於テ、仁王經ヲ轉讀セシメ、雨ヲ祈ラシムルコトニカヽル、ソレゾレ本月二十二日ノ條及ビ本日ノ第一條ニ收ム、又綱所申請云、率二百口僧、於大極殿三个〔箇イ〕日間轉讀仁王經、祈請甘雨、令裝束大極殿幷〔可脱カ〕被勘給日時云々、頭辨〔藤原經任〕奏々狀、下右府〔藤原實資〕令勘日時、覆奏之後下右府、仰所令〔可カ〕裝束之由、

綱所ノ申請ニ據ル僧二百口三箇日

廿四日巳午時云々、

降雨佛法靈驗

廿四日、甲午、天氣或晴或陰、時々降雨、午剋○中略、藤原頼通家法華三十講ノコトニカヽル、本月十二日ノ條ニ收ム、次參八省、先此上達部・諸僧入堂、装束始〔如カ〕去廿日、朝座了行香、上達部退出、入夜降雨、終宵不休、佛法靈驗茲明、可悦可貴、

度者ヲ給フ

廿七日、丁酉、天晴、參八省、未剋打鐘、威・從相分東西、率諸僧經南庭入堂、散花了右中將良頼（藤原）進東方、就導師右邊、仰可給度者之由退出、行香了、

〔日本紀略〕後一條院

五月

仁王講

廿四日、甲午、於同殿（大極殿）請三〔二〕百口僧、仁王講、依祈雨也、

〔祈雨日記〕後一條院 ○醍醐寺三寶院本

小野僧正（仁海）仁〔海イアリ〕記云、長元五年壬申、天下旱魃、○中略、仁海ヲシテ、神泉苑ニ於テ、請雨經法ヲ修セシム、又、安倍時親ヲシテ、五龍祭ヲ行ハシムルコト及ビ大極殿ニ於テ、仁王經ヲ轉讀セシメ、雨ヲ祈ラシムルコトニカヽル、ソレゾレ本月一日ノ條及ビ同月二十日ノ條ニ收ム、退〔マヽ〕又以二百〔ロイアリ〕僧、於大極殿奉讀仁王經、一度降雨、○祈雨法記ヲ以テ校ス、

〔小記目録〕祈雨事 ○九條家本

(長元五年五月)同廿四日、大極殿御讀經事、

同廿七日、大極殿御讀經僧名(マヽ)、給度者事、

○丹生・貴布禰兩社ニ奉幣シテ、雨ヲ祈ラシムルコト、四月二十八日ノ條ニ、仁海ヲシテ、神泉苑ニ於テ、請雨經法ヲ修セシム、又、安倍時親ヲシテ、五龍祭ヲ行ハシムルコト、本月一日ノ條ニ、七大寺ニ於テ、御讀經ヲ修セシメ、雨ヲ祈ラシムルコト、同月八日ノ第三條ニ、炎旱ニ依リテ、御卜ヲ行フコト、同月十日ノ條ニ、重ネテ丹生・貴布禰兩社ニ奉幣シテ、雨ヲ祈ラシムルコト、同月十八日ノ條ニ、大極殿ニ於テ、仁王經ヲ轉讀セシメ、雨ヲ祈ラシムルコト、同月二十日ノ條ニ、石清水八幡宮等ノ諸社ニ於テ、仁王經ヲ轉讀セシメ、雨ヲ祈ラシムルコト、本日ノ第一條ニ、炎旱ニ依リテ、大神宮ニ奉幣スルコト、六月二日ノ第一條ニ、祈雨ノ爲メ、大極殿ニ於テ、臨時仁王會ヲ行フコト、同月十五日ノ條ニ、旱魃ニ依リテ、軒廊御卜ヲ行フコト、同月二十日ノ條ニ、旱魃ニ依リテ、大極殿ニ於テ、千僧御讀經ヲ行フコト、同月二十七日ノ條ニ見ユ、

春日社ノ怪異ニ依リテ、春日社幷ニ興福寺ニ於テ、千巻金剛般若經

鳥居内ニ於テ狼鹿ヲ喰ラフ

ヲ轉讀セシム、

〔三條西家重書古文書〕一

春日社狼怪事

同(小記)

長元五年五月廿三日、入暗、右衞門權佐雅康(平)持來春日御社言上、今月廿日寅時鳥居内狼咋殺鹿、占方、氏卿中卯・酉・巳・亥年人可愼病事者、怪日以後廿日内及來六月・十一月・十二月節中竝丙・丁日也、

〔小記目錄〕十六 臨時六 怪異事 ○九條家本

同(長元五年五月)廿四日、於春日御社・興福寺、可奉轉讀千卷金剛般若經事、依山階寺怪所修也、

二十五日、乙未、著鈦政、

〔西宮記〕二十一 與奪事

小日記云、長元五年五月廿五日、著鈦政、今日左著鈦四、小犬丸一人也、但右看督長等如常、

○中略

宗金記云、長久五年五月廿五日、使廳政也、明日必可有著鈦政也、但去九日被行非常赦〇寛徳元年五月八日ノ條參看、之後、只左囚一人藤井國延、然而去長元五年五月、非常赦〇長元五年三月五日ノ第二條參看、以後、依有囚一人、被行此政也、仍此度又被行之、

上卿藤原能信

召仰

八省院行幸

六月 （大盡 庚子朔）

二日、（辛丑、）炎旱ニ依リテ、大神宮ニ奉幣ス、

〔左經記〕（○谷森本）

五月

廿九日、己亥、天晴、依召參內、中宮權大夫（藤原能信）被參入左仗、頭辨（藤原經任）仰云、依炎旱可有伊勢奉幣、令勘申日時者、上卿仰辨、々令勘奉也、（來月二日午時云々、）上令辨奏、仰、可行幸八省、可仰諸司者、上召外記仰、來月二日巳剋可有八省行幸、可召仰諸司・諸衞者、又召辨仰此由、

次藏人下幣料請奏、召辨給之、

六月

二日、辛丑、天晴、巳剋參內、中宮權大夫兼被參入、令開卜串幷被奏宣命草・淸書等云々、午一剋出御南殿、上達部立南庭、寄御輿、左右近開內門、少納言取〔引カ〕主鈴、同剋於小安殿北壇下御々輿、上達部著北廊、主上召舍人、々々等於東幔外稱〔唯脫カ〕、少納言入跪後版、（此間中宮權大夫起）座、（率內記・辨・外記等、著東廊座、中臣等給御幣退出了、賜宣命於王如常、）奉勅退出、召中臣等、中臣率忌部等參入、給御幣退出、皆如先跪、但例（○但例ノ二字、原ト小字ニ作ル、今意ニ據リテ改ム、）幣之外、內・外宮各金銀御幣一捧被加奉、（入平文筥裹薦〔小字カ〕、加置內・外宮御幣案）

炎氣甚シキニ依リテ列立ノ公卿列ヲ離ル
源經頼ノ批判

奉幣ニツキテノ經頼ノ意見
託宣ニ依ル流人等赦ニ逢フ

神意違理ノ恩ヲ咎メラル

上、仍忌部・後取等各取二裏御幣退出、暫還御、列立南庭之間、炎氣殊甚、仍上達部皆去列群立櫻樹蔭、縱炎氣雖難堪、御前事等不可求蔭景、而輒離別〔列カ〕之旨、甚以非常也、御輿退出之後、群卿次第退出、

七日、丙午、天晴、及未剋時々雷電、陰雲忽起、儀〔俄イ〕以降雨、此間雷鳴數聲、不幾雨止雲晴、凡今年四月以後快不雨、內外御祈依不怠雖降雨、不幾晴止、其潤不遍、纔殖田、未殖之由〔田イ〕皆欲損云々、況違期弃田、其員不知幾萬、未昔〔曾カ〕有如此之災歟、余〔源經頼〕愚案思、去年秋依伊勢御神宮託宣、藤原相通・其妻等被處遠流了、○四年八月四日ノ第一條參看、而今年三月逢非常赦被召返、○本年三月五日ノ第二條參看、或抄云、笞〔答イ〕・杖・徒・流・死等五罪、皆置四方〔主イ、下同ジ〕・中央、就中流置於北方、々々置水、始水之西流、更无東反、流人一（去歟）者无歸、故曰流云々、今付此文案之、流罪者無歸京之理、而人主所專優以歸京、相通等依記〔託イ〕宣配流、逢赦歸京、神慮難量、忝被咎違理之恩歟、以此趣被祈申大神宮、交孽自消、五穀成熟歟、而度々奉幣不被申如此之旨、仍無感應歟、可恐歎々々々、○流布本ヲ以テ校ス、

〔日本紀略〕後一條院

六月

二日、辛丑、天皇行幸大極殿、奉幣伊勢大神宮、依祈雨也、

〔小記目録〕祈雨事 ○九條家本

(長元五年)同六月一日、伊勢幣、可被加奉金銀御幣事、

同二日、被立伊勢奉幣使事、依旱魃事也、被加奉金銀御幣事、

○丹生・貴布禰両社ニ奉幣シテ、雨ヲ祈ラシムルコト、四月二十八日ノ條ニ、仁海ヲシテ、神泉苑ニ於テ、請雨經法ヲ修セシム、又、安倍時親ヲシテ、五龍祭ヲ行ハシムルコト、五月一日ノ條ニ、七大寺ニ於テ、御讀經ヲ修セシメ、雨ヲ祈ラシムルコト、同月八日ノ第三條ニ、炎旱ニ依リテ、御卜ヲ行フコト、同月十日ノ條ニ、重ネテ丹生・貴布禰両社ニ奉幣シテ、雨ヲ祈ラシムルコト、同月十八日ノ條ニ、大極殿ニ於テ、仁王經ヲ轉讀セシメ、雨ヲ祈ラシムルコト、同月二十日ノ條ニ、石清水八幡宮等ノ諸社ニ於テ、仁王經ヲ轉讀セシメ、雨ヲ祈ラシムルコト、同月二十四日ノ第一條ニ、大極殿ニ於テ、仁王經ヲ轉讀セシメ、雨ヲ祈ラシムルコト、同日ノ第二條ニ、祈雨ノ爲メ、大極殿ニ於テ、臨時仁王會ヲ行フコト、本月十五日ノ條ニ、旱魃ニ依リテ、軒廊御卜ヲ行フコト、同月二十日ノ條ニ、旱魃ニ依リテ、大極殿ニ

官歴
瀧口

於テ、千僧御讀經ヲ行フコト、同月二十七日ノ條ニ見ユ、

安藝守從五位上紀宣明、强盜ノ爲メニ殺害セラル、

〔左經記〕○谷森本
六月
三日、壬寅、天晴、去夕强盜數十人入安藝守(紀)宣明朝臣宅、射害主人幷其妻又蒙疵云々、

〔日本紀略〕後一條院
六月
二日、辛丑、○中略、炎旱ニ依リテ、大神宮ニ奉幣スルコト及ビ直物・小除目幷ニ敍位ノコトニカヽル、ソレゾレ本日ノ第一條及ビ本月三日ノ第一條ニ收ム、安藝守紀宣明爲强盜被殺害、妻被刃傷、

〔權記〕○宮內廳書陵部所藏伏見宮本
長保元年十二月
廿九日、戊寅、詣左府(藤原道長)、申承雜事、紀宣明申瀧口名簿付右中辨(源道方)、依召參內、右中辨云、
宣明事宣旨下、

〔御堂關白記〕○陽明文庫本

検非違使

右衞門志

右衞門尉

長和元年十二月

十六日、己卯、〇中略、京官除目ノコト及ビ大神寶使ヲ皇大神宮以下五十一社ニ發遣スルコト、ソレゾレ長和元年十二月十六日ノ條及ビ同月十九日ノ條ニ收ム、檢非違使宣旨二人、〇中略、京官除目ノコトニカヽル、長和元年十二月十六日ノ條ニ收ム、右衞門志紀宣明、依經瀧口也、同所上臈雖有一兩、依非專一者也、

〔小右記〕〇前田家本

寬仁三年正月

廿三日、辛巳、〇中略、縣召除目、又、檢非違使ヲ補スルコトニカヽル、寬仁三年正月二十三日ノ條ニ收ム、檢非違使宣旨藏人頭左中辨經通(藤原)傳仰下官、(藤原實資)卽仰下同辨、〇中略、同上、右衞門尉〇中略、同上、紀宣明、轉任、

〔小右記〕〇宮內廳書陵部所藏伏見宮本

萬壽元年六月

廿六日、壬午、〇中略、藤原道長、法成寺藥師堂ヲ供養ス、仍リテ、太皇太后藤原彰子、行啓アラセラル、コトニカヽル、萬壽元年六月二十六日ノ第一條ニ收ム、次關白(藤原賴通)召右頭中將顯基(源)密語、印〔卽〕顯基傳仰余(實資)云、右衞門尉宣明可敍〔從イアリ〕五位者、事頗不審、仍以可仰內記之趣達關白、有甘心、召權右中辨經輔(藤原)、可召進內記事令仰外記、關白使皇太后宮少進爲政(藤原)朝臣令告宣明、々々進出拜禪閤(道長)〔閤イ〕、〇中略、同上、少內記兼行參入、召堂南階下、仰右衞門尉宣明依法

従五位下

従五位上

安藝守

世系

長元五年六月二日

成寺堂預仕、可候〔作イ〕叙従五位下之位記之由、

〔小右記〕○前田家本

萬壽元年十二月

廿八日、壬午、○中略、藤原實資、隨身ニ衣服ヲ給スルコト及ビ陣覽内文、叙位、藤原兼隆・同實成ヲ正二位ニ、藤原廣業ヲ従三位ニ叙ス、又、諸寺申文ヲ定ムルコトニカ、ル、ソレゾレ萬壽元年十二月二十日ノ第二條及ビ同月二十八日ノ條ニ收ム、従五位上宣明行幸行事、○萬壽元年十二月二十六日ノ條參看、

〔小右記〕○前田家本

萬壽四年二月

十九日、庚寅、○中略、諸國檢交替使ヲ定ムルコト及ビ臨時仁王會ノコトニカ、ル、ソレゾレ萬壽四年二月十九日ノ條及ビ同月二十六日ノ第一條ニ收ム、

藏人頭右大辨重尹（藤原）下給宣旨二枚、○中略、三局史生ヲ補スルコトニカカル、萬壽四年三月二日ノ條ニ收ム、安藝國司宣明申司宣明申不待本任敢〔放カ〕還給任符、依請、

〔尊卑分脈〕紀氏 紀伊國造

宣時

使

宣明 左門尉叙留、従五下、安藝守、維明（紀）猶子云々、又頼（紀）任為養子、

防鴨河判官

使
宣輔　左門尉、下總守、子孫賴任流有之、

〔尊卑分脈〕紀氏　池田

使
維明　貞元二正廿八使宣、主計允、〔左イ〕右衞門尉、從五下、

使
宣明　長和元十二〔六〕十二使宣、防鴨判官、○寛仁四年九月四日ノ第二條參看、〔右イ〕左馬允、瀧口、左門尉、安藝守、從五上、
實左馬允宣時子、（紀）

使
宣輔　長元八三十使宣、瀧口、兵庫允、右衞門大尉、下總守、從五下、

〔紀氏系圖〕○手向山神社所藏

使
維明　養子、左衞門尉、天延三年正月任左衞門尉、

使
宣明　右衞門志、右馬允、瀧口、從五上、安藝守、寛弘三年正月任右衞門尉、

使
宣輔　大小　從五下、瀧口、右衞門尉少尉、下總守、萬壽二年正月任右衞門尉、

〔系圖纂要〕四十四　紀氏上　紀朝臣姓

長元五年六月二日

長元五年六月二日

使
維明養子、
天延三年正ノ使、右衞門尉、天元三年正ノ七從五下、主計允、
宣明實右馬允宣時子、維明猶子也、實弟也、
長和元年十二ノ十二使宣元瀧口、寛仁三年正ノ廿三左衞門尉、同四年九ノ防鴨河判官、萬壽元
年十二ノ從五下、同
四年正ノ廿七安木守、
宣輔兵庫允、使、右衞門權少尉、長元九年正
ノ七從五下、永承七年二ノ廿四下總守、

〔延喜式〕巻第十二紙背
○東京國立博物館所藏九條家本

執申
右去月十日罷出彼國、一昨日罷著高砂泊、日來之間、依風波難、自所延引侍、抑令從事給之由、於此泊側承、向方恐悦、□日之體、今明可離泊侍、爲開不審、先所執啓也、殊可賜恩察、尤〔依カ〕所仰也、宣明謹言、
二月廿日　　安藝守紀（花押）

○宣明、刃傷・殺害・竊盜・誘拐・濫行等ニ際シテ、檢非違使トシテ、犯人ノ追捕・禁獄・勘問等ニ携ルコト、**長和二**年二月十八日ノ條、同年十二月二十三日ノ第二條、

同四年四月三日ノ條、同月四日ノ第二條、同五年五月二十七日ノ第二條、同年十月十一日ノ條、同年十二月二十八日ノ條、寛仁二年閏四月二日ノ條、同年七月二十日ノ條、同四年六月四日ノ第二條、治安元年五月十一日ノ條ニ、石清水八幡宮行幸ニ際シ、檢非違使トシテ、同社ニ寄セラル、コト、長和二年十一月二十八日ノ條ニ、檢非違使トシテ、造内裏ノ爲メニ、大津ヨリ材木ヲ運バシムルコト及ビ其ノ量ノ少ナキニ依リ、怠狀ヲ藤原道長ニ進ムルコト、同五年四月七日ノ第四條ニ、皇太后宮藤原彰子ニ死穢アル由ヲ、道長ニ傳達スルコト、同四年八月十一日ノ第二條ニ、强盜ノ爲メニ、馬飼ヲ射殺サル、コト、寛仁元年十二月四日ノ條ニ、道長ニ右衞門尉轉任ノ慶ヲ申スコト、同三年正月二十三日ノ條ニ、行幸行事ヲ勤ムルト雖モ加階ノ賞ヲ辭退スルコト、治安元年十月十四日ノ第一條ニ、藤原頼通ヨリ、勘當ヲ免ゼラル、コト、同三年正月十日ノ條ニ、藤原實資ニ道長ノ容體ニ就キテ、語ルコト、萬壽四年四月十三日ノ條ニ、安藝守トシテ、條々ヲ申請スルコト、同年九月八日ノ條ニ、皇太后藤原妍子崩御ノコトニ就キテ、源則理ニ語ルコト、同年九月十四日ノ第二條ニ、道長ノ遺骨ニ供奉シテ、木幡ニ向フコト、同年十二月七日ノ第二條ニ、安藝守

自署花押

トシテ、藤原實資ニ、罷申ニ參ルコト、長元元年十一月九日ノ第一條ニ、安藝守ノ延任ヲ申請スルコト、同月二十三日ノ條ニ見ユ、

〔參考〕

〔延喜式〕第卷十二紙背○東京國立博物館所藏九條家本

「（自署・花押）」

○年未詳二月二十日紀宣明自筆書狀（Image: TNM Image Archives）

三日、壬寅、直物、小除目、敍位、

〔左經記〕○谷森本

上卿藤原實資御物忌

實資後事ヲ藤原資平ニ讓リテ退出ス

六月

三日、壬寅、天晴、○中略、紀宣明、強盜ノ爲メニ殺害セラルルコトニカヽル、本月二日ノ第二條ニ収ム、及未剋參內、頃之右府(藤原實資)被參於仗座、令人々頭中將(源隆國)奏直物勘文、依御物忌、件勘文籠陣中云々、返給、令左大辨(藤原重尹)直誤所々、此次有除目・敍位等、○中略、陣定ヲ行ヒ、出雲國司申請ノ杵築社造立ノ事等ヲ定ムルコトニカヽル、本日ノ第二條ニ収ム、右府同上、○中略、次令頭中將奏直物・除目清書・敍位等、下給、讓侍從中納言○藤原資平被退出、中納言召給內記幷治國幷一品宮(宮イ)未給、藤氏爵等也、去春有論不敍也、正月六日ノ條參看、○二省等、及子退出、

〔日本紀略〕後一條院

六月

二日、辛丑、○中略、炎旱ニ依リテ、大神宮ニ奉幣スル(マヽ)コトニカヽル、本月二日ノ第一條ニ収ム、今日直物、是日也、

〔勘例〕○陽明文庫本 二 始終位階越階等之例

加階 付敍位・女敍位

○中略

敍外階者依愁申改內階例

秦時廉

長元五年十二月、敍外從五位下、前大宮御給、

藤原實資定ニ備ヘテ豫メ外記ヲシテ公卿ヲ催ス

上卿實資

〔小記目録〕四　京官除目事付直物・臨時・復任・女官　○京都御所東山御文庫本

同(長元)五年二月十一日、直物定事、

同四月十三日、○中略、出雲杵築社ノ託宣ニ改元ノコトアリ、是日、藤原頼通ニ諮リ給フコトニカヽル、正月二十二日ノ條ニ收ム、幷直物日次事、

同六月一日、依御物忌、直物勘文可籠事、

同三日、直物事、小除目事、

〔小記目録〕二十　御藥事　○京都御所東山御文庫本

長元五年四月廿五日、依主上(後一條天皇)御瘧病事、○四月二十七日ノ條參看、不可有直物事、

○御物忌ノコト、便宜合敍ス、

陣定ヲ行ヒ、出雲國司申請ノ杵築社造立ノ事等ヲ定ム、

〔左經記〕○谷森本

六月

二日、辛丑、天晴、巳剋參內、○中略、炎旱ニ依リテ、大神宮ニ奉幣スルコトニカヽル、本月二日ノ第一條ニ收ム、明日可有定之由、外記國(宗岳)任奉右府(藤原實資)仰令催上達部云々、

三日、壬寅、天晴、○中略、紀宣明、强盜ノ爲メニ殺害セラルルコトニカヽル、本月二日ノ第二條ニ收ム、及未剋參內、頃之右府被參於仗座、

重任四箇年ノ調庸租税ノ免除
杵築社造立
申請スルトコロ先例ニ似ズ
阿波國司申請ノコト
省納分ノ調絲ノ式數ニツキテ訴フ
杵築社ニ使者ヲ遣ズベシ
實資使者ニ木工官人ヲ加フルコトヲ命ズ

〇中略、直物・小除目幷ニ敍位ノコトニカヽル、本日ノ第一條ニ收ム、此間出雲守俊（橘）孝申請被定重任幷被免四个〔箇イ〕年調庸租税等兼給但馬目・伯耆〔國イ〕等工夫造立杵築社幷其內寶殿事、又同社去年詫〔託〕宣〇四年十一月三十日ノ條及ビ本年正月二十二日ノ條參看、云、古以王令勤陪膳役令敍位、而近代無其事、如舊可改行云々、同有此定、彼此共被申云、件社去年顚倒、〇四年八月十一日ノ第二條參看、爲復舊基可造立之由所申請也、而所申請也（イナシ）而所募申之事等不似先例、可被裁許之旨輙難定申、先遺〔遣〕使者、注社屋丈尺幷寶殿有無、兼日尋前々司忠親任顚倒造立之例追可被量行歟、又侍從中納言（藤原資平）被申右府云、阿波守前〔前守イ〕義忠（藤原）朝臣然〔愁イ〕申云、彼國調絲以式數中被分齊〔齋イ〕院幷率分所之後經年序、而當時卿（大藏卿藤原通任）猶任式數陣〔陳イ〕可濟之由不放返抄云々、令問主計寮、勘申旨如國司申、令問省、申云、不知所々分、代々任式數省納者、仰云、任代々例如式數可省納歟、將除所々分之外可省納歟、可令定申中納言本自奉此事、被相問之也、者、彼此被申云、除所々分之外可省納歟云々、仰、依定可仰下、又遣出雲之使可定申者、右府被示云、官史〔吏イ〕可佳〔任イ〕、其人大辨定申者、左大丞（藤原重尹）共儀〔議イ〕擧右大夫〔史イ〕廣雅、仰、依請、右府加木工官人等可遣之由被仰左大辨、〇流布本ヲ以テ校ス、

〇出雲杵築社ノ神殿顚倒スルコト、四年八月十一日ノ第二條ニ、同社顚倒ニ依リテ、軒廊御卜ヲ行フコト、同年閏十月三日ノ條ニ、神殿顚倒ノコトニ依リテ、同社

上卿藤原資平

奏案

ニ奉幣使ヲ發遣スルコト、同月十五日ノ條ニ、同社ノ託宣ニ依リテ、大極殿ニ於テ、臨時仁王會ヲ行フコト、同年十一月三十日ノ條ニ、同社ノ託宣ニ改元ノコトアリ、是日、藤原頼通ニ諮リ給フコト、本年正月二十二日ノ條ニ、同社ノ託宣ノ御愼ニ依リテ、御物忌アリ、又、内裏ニ於テ、御修法幷ニ大般若不斷御讀經ヲ行フコト、三月十二日ノ條ニ、出雲國司及ビ杵築社司等、同社託宣ノ無實等ヲ申ス、仍リテ、是日、陣定ヲ行ヒ、同託宣ノコト等ヲ議スルコト、八月二十日ノ條ニ、出雲守橘俊孝ヲ佐渡ニ配流スルコト、九月二十七日ノ第二條ニ見ユ、

十日、己酉、御體御卜、

〔左經記〕○谷森本

六月

十日、己酉、天晴、○中略、祈雨ノ爲メ、大極殿ニ於テ、臨時仁王會ヲ行フコト及ビ月次祭幷ニ神今食ノコトニカヽル、ソレゾレ本月十五日ノ條及ビ同月十一日ノ條ニ收ム、入内、著腋床子、納言（藤原資平）被著仗座、頃之著仗座、外記國任（宗岳）進跪小庭、申神祇官御卜奏候之申（由イ）、上宣、暫可候者、外記唯出、上卿令陣官喚藏人、々々參入、上令奏御卜奏候之由、藏人奏之歸來、仰云、依物忌可令付内侍所者、上奉仰移著南座、召外記仰可令進奏案之由、外記奉

御物忌ニ依リテ内侍所ニ付スベシ

上卿藤原資平

中院行幸ニ際シテノ攝政關白作法
藤原道長說

之退出、神祇大副大中臣兼材持奏案、奉上卿退出、上開見、了又召外記仰云、依御物忌可令付内侍所者、次又召外記給奏案退出、余又退出、〇流布本ヲ以テ校ス、

〇御物忌ノコト、便宜合叙ス、

政、請印、

〔左經記〕〇谷森本

六月

十日、己酉、天晴、〇中略、祈雨ノ爲メ、大極殿ニ於テ、臨時仁王會ヲ行フコト及ビ月次祭幷ニ神今食ノコトニカヽル、ソレゾレ本月十五日ノ條及ビ同月十一日ノ條ニ收ム、次中納言(藤原資平)相共參内、納言著左衞門陣、余(源經賴)著結政、令申文之後、依中納言御消息著廳、依中南所物忌之由、作法之不令結南申文、(後脱カ)起座著廳也、請印、了起座、

十一日、庚戌、月次祭、神今食、

〔左經記〕〇谷森本

六月

十日、己酉、天晴、早旦參殿、(藤原賴通)〇中略、祈雨ノ爲メ、大極殿ニ於テ、臨時仁王會ヲ行フコトニカヽル、本月十五日ノ條ニ收ム、又被仰、(賴通)中院行幸時、爲攝政之時、御共入神殿内、關白後候神殿戸外、不入戸内、是先閤(藤原道長)仰也、

小忌次將御輿供奉ノ可否
藤原實資等ノ見解
藤原頼通ノ見解
實資及ビ藤原齊信ハ當時有職
中和院行幸ノ儀

十一日、庚戌、天晴、入夜參殿、被仰云、心池〔地イ〕尚不宜、仍不參內、以此由可披露也、又逢左宰相中將(源顯基)、副御輿又〔人カ〕々〔又イ〕云合、可然之人々可爲之由可傳示者、參內、於陣腋示御消息於宰相中〔將脱カ〕、々々命云、今夜當小忌、而小忌人可副御輿歟、將可立上卿列歟、依有事疑、今朝案內右府(藤原實資)幷戶部(藤原齊信)御許、各御返事云、慥不知先例、但推案事心、爲近衞將之人、何不副御輿候王公列乎云々、以此旨申殿下(頼通)、仰云、可然事也、但爲小忌之人、是爲供奉神事令御卜、不勤他役、或新嘗會將異甘其歟座・列等、況於當夜乎、然者別列御輿前有何咎乎者、仍存此旨、而今有此仰、當時有職不過此兩所、從彼敎可副御輿歟云々、次參中宮(藤原威子)御方之間、民部卿(齊信)・新宰相中將(藤原兼頼)被相逢、仍不參宮、同道經中隔著大忌幄北、藤中納言(定頼)兼〔致イ〕被著、頃之行幸、戶部以下列立幄北、西上北面、乘輿過前之間磬折立、入御中和門之後、戶部以下次第經列後歸座、欲羞御杯、無辨・少納言、仍有儀〔議イ〕、候行幸召經長(源)辨・資高(藤原)少納言、等令勸杯、各脱小忌衣從事、史取瓶子、二獻、御汁物、外記手長、史取折敷、此座役上官奉仕之例不慥、若官〔府イ〕廚儲饌歟、次羞水飯、頃之戶部被示云、今夜先々左右近有神遊事、而今月御忌月也、可有哉否之由可召問兩府官人者、令召使召兩府官人、左近將曹延名(秦)・右近府生忩公忠(下毛野)參來、近召座邊、問上卿被示之旨、共申云、前日有此疑、尋先例無所見、仍觸事由於次將、依爲御忌月、不有神樂事者、仍不致其用

還御

名謁
源顯基御輿ニ副フ

意者、以此旨申上卿、々々諾了、官人等退去、及寅剋還御、列幄北、御輿暫留列上、次將問戸部以下、次第名陽〔謁カ〕、過御之後各退出、亞將相公顯基、副御輿、仍中宮權大夫〔藤原能信〕獨歩御前、餘事如常、○流布本ヲ以テ校ス、

〔日本紀略〕○後一條院

六月

十一日、庚戌、月次祭、

〔小記目錄〕五　年中行事五　月次祭事付神今食　○九條家本

同〔長元〕五年六月十一日、神今食行幸事、

十四日、癸丑、權大納言藤原能信ノ家人、齋院ノ侍等ト鬪亂ス、

〔左經記〕○谷森本

六月

十四日、癸丑、天晴、○中略、祈雨ノ爲メ、大極殿ニ於テ、臨時仁王會ヲ行フコトニカヽル、本月十五日ノ條ニ收ム、傳聞、齊〔齋イ、下同ジ〕院〔馨子内親王〕侍等與中宮權大夫〔藤原能信〕御子之〔令カ〕見物間、有鬪亂事云々、

十五日、甲申〔寅〕、天晴、○中略、同上、頭辨〔藤原經任〕云、昨日中宮權大夫家人見物之間、打破齊院侍等見物

検非違使ヲ遣サズ實犯ヲ捕進セシム

僧名定 上卿藤原頼宗

執筆源經頼 僧百口検校定文等ヲ奏ス 行事定文ハ奏セズ

大祓

所、或引破侍等袍衣云々、仍可捕進下手者等之由有仰、々（云イ）云、爲宮司（中宮藤原威子）之內相親彼院（齋院）、仍不遣検非違使等、亦慥尋實犯者等可捕進者、大夫恐申被退出云々、〇流布本ヲ以テ校ス、

十五日、甲寅、祈雨ノ爲メ、大極殿ニ於テ、臨時仁王會ヲ行フ、

〔左經記〕〇谷森本

六月

十日、己酉、天晴、早旦參殿（藤原頼通）、侍從中納言（藤原資平）被參入、殿下（頼通）出給、炎旱事令歎給之次、被仰云、過明日、於南殿、以六十口知德、三个日欲申行大盤（般イ）若御讀經、而十三日以後八專也、雖然事已無心（止歟）、若八專旱損彌可盛云（々脱カ）、仍八專中擇日欲申行也者、

十二日、辛亥、天晴、有召參內、春宮大夫（藤原頼宗）奉仰、爲定臨時仁王會僧名所召也、而史等依爲休日、皆以他行、仍令尋召之間、已及昏黑、纔所參左大史義賢朝臣（惟宗）一人・權少外記國（宗）任（岳）也、仍義賢朝臣取納文書筥、置上御前、國任硯莒（筥イ、下同ジ）置余（源經頼）前、依上宣書也、大極殿講師百人、法用僧五人幷諸神社分、無御前・南殿幷院宮分等、又書加検校・行事等奉上卿、々々見了召加日時文入莒、令頭辨（藤原經任）奏、不奏行事文、返給下頭辨退出、可被行十五日云々、是爲祈雨也、

十四日、癸丑、天晴、及晩景參殿、次參內、著八省東廊、令行大祓、是明日爲祈雨、依被

呪願文作者橘孝親
當日ニ呪願文草ヲ奏セシメ清書スベシ

行仁王會、所祓清也、事了退出、行事辨(源)經長朝臣云、文章博士(大江)學周有所勞辭、不作咒願、仍上卿被奏事由、召(藤原)義忠・(菅原)々貞朝臣等兩儒、各稱他行之由不參、仍被仰大內記(橘)孝親、而令申云、未奉此事、始凶會日奉仰非無其憚、明日奉仰可作奉云々、前例前兩三日奏草、令清書云々、而當日奏草、早難書出歟、仍(書手カ)手書史生等召集行事所、可分書也云々、入夜歸家、

十五日、甲申(寅)、天晴、巳剋參八省、(定頼)藤中納言・(藤原重尹)左大辨兼被參著堂座、東廊依日脚難堪歟、余同參著、未刻中納言仰辨令打鐘、(僧脱カ)諸集會東西廊下、同剋威儀師相分東西、率衆僧經殿東西壇上入堂、朝・夕講了行香、次僧俗退出、○中略、藤原能信ノ家人、齋院ノ侍等ト鬪亂スルコトニカヽル、本月十四日ノ條ニ收ム、又(平定親)右少辨云、義忠・々貞等不參召之由、可令召問云々、○流布本ヲ以テ校ス、

〔日本紀略〕後一條院

六月

十五日、甲寅、臨時仁王會、依祈雨也、

〔小記目錄〕祈雨事 ○九條家本

(長元五年六月)同十日、諸國申旱魃愁事、

同十三日、昨日大極殿百高座仁王會僧名定事、

同十五日、大極殿仁王會事、依旱魃御祈也、

○藤原頼通、炎旱ニ依リテ、紫宸殿ニ於テ、大般若御讀經ヲ行ハントスルコト、便宜合敍ス、丹生・貴布禰兩社ニ奉幣シテ、雨ヲ祈ラシムルコト、四月二十八日ノ條ニ、仁海ヲシテ、神泉苑ニ於テ、請雨經法ヲ修セシム、又、安倍時親ヲシテ、五龍祭ヲ行ハシムルコト、五月一日ノ條ニ、七大寺ニ於テ、御讀經ヲ修セシメ、雨ヲ祈ラシムルコト、同月八日ノ第三條ニ、炎旱ニ依リテ、御卜ヲ行フコト、同月十日ノ條ニ、重ネテ丹生・貴布禰兩社ニ奉幣シテ、雨ヲ祈ラシムルコト、同月十八日ノ條ニ、大極殿ニ於テ、仁王經ヲ轉讀セシメ、雨ヲ祈ラシムルコト、同月二十日ノ條ニ、石清水八幡宮等ノ諸社ニ於テ、仁王經ヲ轉讀セシメ、雨ヲ祈ラシムルコト、同月二十四日ノ第一條ニ、大極殿ニ於テ、仁王經ヲ轉讀セシメ、雨ヲ祈ラシムルコト、同日ノ第二條ニ、炎旱ニ依リテ、大神宮ニ奉幣スルコト、本月二日ノ第一條ニ、旱魃ニ依リテ、軒廊御卜ヲ行フコト、同月二十日ノ條ニ、旱魃ニ依リテ、大極殿ニ於テ、千僧御讀經ヲ行フコト、同月二十七日ノ條ニ見ユ、

十七日、丙辰、政、請印、內文、

上卿藤原資平
諸任符幷ニ杵築社損色使官符内文

〔左經記〕○谷森本

六月

十七日、丙辰、天晴、參結政、侍從中納言〔藤原資平〕被著廳、請印了著南、申文・食了入内、以外記國任〔宗岳〕被申關白〔藤原頼通〕云、依前日仰、爲請印諸任符幷杵築宮損色使官符○本月三日ノ第二條參看、等、欲行内文、依御物忌不可内覽、隨仰可進止者、返報云、早可被奏行也者、仍行覽内文退出、

廿日、己未、天晴、時々雷鳴白雨、不幾晴止、○中略、元助、速津河住人等ノ爲メニ殺害セラル、仍リテ、是日、宣旨ヲ大和・紀伊等ノ國司ニ下シテ、其ノ犯人ヲ捕進セシムルコトニカ、ル、本月二十二日ノ第二條ニ收ム、及未剋參、〔脱アルカ〕及晩退出、風聞、○中略、旱魃ニ依リテ、軒廊御卜ヲ行フコトニカ、ル、本月二十日ノ條ニ收ム、兼又被行徑〔位イ〕記請印云々、

○二十日、位記請印ノコト、便宜合敍ス、

二十日、己未、旱魃ニ依リテ、軒廊御卜ヲ行フ、

〔左經記〕○谷森本

六月

十七日、丙辰、天晴、○中略、政・請印幷ニ内文ノコトニカ、ル、本月十七日ノ條ニ收ム、今日及午剋之間、陰雲忽起、降雨快澍、不幾雲晴雨止、其國〔潤カ〕不遍云々、

上卿藤原資平

十九日、戊午、天晴、參殿、(藤原頼通)内府(藤原教通)被候、大閤〔太イ〕(頼通)仰云、依旱魃、自四月以後、内外御祈尋先例不遺、而聊雖有其驗、敢不致田畠潤、還成損害云々、廻何計除此災哉、寤寐不安者、余(源經頼)申云、前日雖被卜旱祟、神祇官不具、○五月十日ノ條參看、就中前例如此凶年、度々被卜祟旨、尙召具神祇・陰陽等官・寮、能卜祟之由、隨其趣致祈謝之宜歟、仰云、可然之事也、卽召頭辨(藤原經任)奏事由、被仰可令御卜之由、及晩歸家、

廿日、己未、天晴、時々雷鳴白雨、不幾晴止、○中略、元助、速津河住人等ノ爲メニ殺害セラル、仍リテ、是日、宣旨ヲ大和・紀伊等ノ國司ニ下シテ、其ノ犯人ヲ捕進セシムルコトニカヽル、本月二十二日ノ第二條ニ收ム、風聞、侍從中納言(藤原資平)奉勅、召神祇官・陰陽寮、於軒廊令卜久不雨之咎云々、

〔小記目錄〕軒廊御卜事 ○九條家本

同年(長元五)六月廿一日、昨日軒廊御卜事、

○丹生・貴布禰兩社ニ奉幣シテ、雨ヲ祈ラシムルコト、四月二十八日ノ條ニ、仁海ヲシテ、神泉苑ニ於テ、請雨經法ヲ修セシム、又、安倍時親ヲシテ、五龍祭ヲ行ハシムルコト、五月一日ノ條ニ、七大寺ニ於テ、御讀經ヲ修セシメ、雨ヲ祈ラシムルコト、同月八日ノ第三條ニ、炎旱ニ依リテ、御卜ヲ行フコト、同月十日ノ條ニ、重

ネテ丹生・貴布禰兩社ニ奉幣シテ、雨ヲ祈ラシムルコト、同月十八日ノ條ニ、大極殿ニ於テ、仁王經ヲ轉讀セシメ、雨ヲ祈ラシムルコト、同月二十日ノ條ニ、石淸水八幡宮等ノ諸社ニ於テ、仁王經ヲ轉讀セシメ、雨ヲ祈ラシムルコト、同月二十四日ノ第一條ニ、大極殿ニ於テ、仁王經ヲ轉讀セシメ、雨ヲ祈ラシムルコト、同日ノ第二條ニ、炎旱ニ依リテ、大神宮ニ奉幣スルコト、本月二日ノ第一條ニ、祈雨ノ爲メ、大極殿ニ於テ、臨時仁王會ヲ行フコト、同月十五日ノ條ニ、旱魃ニ依リテ、大極殿ニ於テ、千僧御讀經ヲ行フコト、同月二十七日ノ條ニ見ユ、

二十二日、辛酉、一條天皇御忌、仍リテ、圓融寺ニ於テ、法華御八講アリ、

〔左經記〕○谷森本

六月

廿二日、辛酉、天晴、○中略、元助、速津河住人等ノ爲メニ殺害セラル、仍リテ、是日、宣旨ヲ大和・紀伊等ノ國司ニ下シテ、其ノ犯人ヲ捕進セシムルコトニカヽル、本日ノ第二條ニ收ム、次參內、頃之內府(藤原教通)被參入、頭辨(藤原經任)供御時物等、先羿〔昇イ〕御臺盤入、供內膳物等、次少納言資高(藤原)取打敷〔折イ〕、進授頭辨、供御廚子所朽〔物カ〕等、次六位已上自瀧○口脫カ陣方著中宮(藤原威子)被供之物、次居僧前幷公卿・侍臣饌等、此間雷鳴甚雨、蹔晴止、次出御、召公卿、內府以下參御前、次召僧、御齊〔齋イ〕食了入御、僧下、內府

源頼親同經頼ニ報ズ

金峯山ノ解文ヲ奏ス

以下退、○流布本ヲ以テ校ス、

〔小記目録〕十 佛事下 諸寺八講事 ○九條家本

同（長元五年）六月廿六日、圓融寺御八講終事、

是ヨリ先、金峯山檢校元助、速津河住人等ノ爲メニ殺害セラル、仍リテ、是日、宣旨ヲ大和・紀伊等ノ國司ニ下シテ、其ノ犯人ヲ捕進セシム、

〔左經記〕○谷森本

六月

廿日、己未、天晴、時々雷鳴白雨、不幾晴止、今朝自大和守（源頼親）許相云（示カ）、去十八日夜、金峯山檢校元助、爲遠（速イ）津河住人等被殺害云々、

廿二日、辛酉、天晴、參殿（藤原頼通）、令覽金峯山解文、依仰付頭中將（源隆國）爲令奏也、檢校元助被殺害之由、山所司等注申文・日記所送也、○中略、一條天皇御忌、仍リテ、圓融寺ニ於テ、法華御八講アルコト及ビ旱魃ニ依リテ、大極殿ニ於テ、千僧御讀經ヲ行フコトニカヽル、ソレゾレ本日ノ第一條及ビ本月二十七日ノ條ニ收ム、害元助之下手者等國司可捕進之由、可賜大和・紀伊等國於宣旨之由、內府（藤原教通）奉仰彼（被イ）仰頭辨（藤原經任）云々、○流布本ヲ以テ校ス、

〔日本紀略〕後一條院

盗賊ノ為メニ殺害セラル、トノ説

大和國司犯人ノ首ヲ進ム

六月

十八日、丁巳、盗賊殺害金峯山寺檢校阿闍梨元助、

〔小記目録〕十七 臨時七 闘亂事付刃傷・闘殺・謀殺・罪科 ○京都御所東山御文庫本

(長元五)(八)同年同月十二日、大和國司(頼親)進殺害金峯山檢校犯人首事、

○元助、金峯山司等ノ罪名ヲ勘申セシムルニ當タリ、松本曹司ニ召問セラル、コト及ビ罪科ヲ免ゼラル、コト、二年八月七日ノ第二條ニ見ユ、

關白左大臣藤原頼通ノ隨身等、雜仕女ヲ凌礫ス、仍リテ、頼通、隨身等ヲ拘禁ス、

〔小右記〕○宮内廳書陵部所藏伏見宮本

六月

廿二日、辛酉、○中略、旱魃ニ依リテ、大極殿ニ於テ、千僧御讀經ヲ行フコトニカ、ル、本月二十七日ノ條ニ收ム、關白(藤原頼通)隨身府生(秦)武方・(下毛野)公忠・番長(下毛野)公武・(貞)定安○播磨・近衞二人、依打調雜仕女、被籠戸屋云々、

二十五日、甲子、賀茂上社神殿、破損ス、

〔小記目録〕諸社遷宮事 ○九條家本

上卿藤原資平
治部官人不參
然ルベキコト皆行ハル
藤原賴通源經賴ニ意見ヲ問フ
經賴ノ返答

（長元）同五年六月廿五日、賀茂上御社神殿破損事、
○コノ條、小記目錄ニ據リテ掲書ス、破損ノコト、詳ナラズ、

二十六日、乙丑、結政請印、

〔左經記〕○谷森本

六月

廿六日、乙丑、天晴、北山陰雲忽起雷電、不雨、依召參內、侍從中納言（藤原資平）同參入、奉仰、著結政所可令請印度緣之由示余、（源經賴）々經敷政門率外記等著結政所、少納言追來著、入夜令請印、治部官人申障不參、仍尋先例、無治部官人請印云々、依此例可行之由依有上宣、無官人行之、事畢退出、

二十七日、丙寅、旱魃ニ依リテ、大極殿ニ於テ、千僧御讀經ヲ行フ、

〔左經記〕○谷森本

六月

六日、乙巳、天晴、○中略、仁海ヲシテ、神泉苑ニ於テ、請雨經法ヲ修セシム、又、安倍時親ヲシテ、五龍祭ヲ行ハシムルコトニカヽル、五月一日ノ條ニ收ム、及午後參殿、（藤原賴通）被仰云、依祈雨、觸內外可然事等皆被行了、然已無驗、爲之如何、申云、請千口僧於大極殿被轉經如何、仰、十一日以後可左右云々、及晩參內府、（藤原教通）入夜歸宅、

千僧御讀經ヲ行フベシ

藤原重尹經賴ニ僧名定ニツキテ問フ

僧名ヲ注セズ寺及ビ僧數ヲ注スベシ

上卿藤原教通僧數ヲ定ム

日時勘文

轉讀御經幷ニ法成寺分僧數ノコトニツキテ奏ス

內覽

奏聞

廿一日、庚申、天晴、左大丞(藤原重尹)被示云、依可有千口御讀經定有召、仍可參入也、而前例被行此御讀經之時、被定僧名歟、將只給宣旨於綱所歟如何、有僧名暫可送者、報云、不注僧名只注寺幷僧數、賜綱所令廻請也者、及晩小雨雷鳴、不潤地上止了、入夜雷電數度、甘雨快下、及子刻晴了、

廿二日、辛酉、天晴、○中略、元助、速津河住人等ノ爲メニ殺害セラル、仍リテ、是日、宣旨ヲ大和・紀伊等ノ國司ニ下シテ、其ノ犯人ヲ捕進セシムルコトニカヽル、本月二十二日ノ第二條ニ收ム、次參內、頃之內府被參入、○中略、一條天皇御忌、仍リテ、圓融寺ニ於テ、法華御八講アルコトニカヽル、本月二十二日ノ第一條ニ收ム、次內府著左仗、被定千僧御讀經僧數、左大辨(重尹)執筆、加日時勘文答(筥イ)、令頭辨(藤原經任)奏云、先例疫病時有此御讀經、仍壽命經被轉讀、○寛仁元年六月二十三日ノ條及ビ治安元年三月七日ノ第二條參看、此度依旱魃被行、可被讀何經乎、又去長元元年被行此御讀經之時、延暦寺分六百口之中、別百口可爲法成寺分之由、後日有宣旨、仍此度加法成寺所定申也者、頭辨先參關白(賴通)里亭內覽、次奏之、入夜奉下內府云、可令轉觀音經者、又法成寺分聞食了、卽下辨被退、御讀經今月廿七日午未時云々、

廿四日、癸亥、天晴、自未剋許至于亥剋、雷鳴數聲、時々降雨、

廿五日、甲子、天晴、及未剋雷鳴數聲、降雨滂沱、不幾晴止、

廿六日、乙丑、天晴、北山陰雲忽起雷電、不雨、

導師明尊

度者ヲ給フ

行香ノ違例

大臣以下諸臣諸司等ノ書寫セル經ヲ用フ

國忌ニ僧名定ヲ行フノ可否

廿七日、丙寅、天晴、參內、次參八省、有千僧觀音經御讀經、內府於東廊、仰辨令打鐘、次入堂、次威・從二人相分東西率諸僧、經南庭幷大極殿東西階入堂、次御導師明尊著禮盤、先例用高座、而丙寅日登高座有憚之由內々有令申、檄〔擬イ〕高座聞〔用イ〕禮盤也云々、唄・散花畢諸僧復座、散花僧・威・從僧廻四面廊行道、勅使仰御讀經趣幷仰給度者之由、次開白、讀經畢行香、東公卿、西辨・少納言・大夫外記・史・侍從等、今日上達部分著東西座、西行香須西座公卿可立也、而有定公卿去座被用上官之旨、頗無可據〔所カ〕、又違例也、事畢僧俗退出、今日見參僧八百五十九口也、其不足百口、忽撰諸從僧等中可然僧、充布施・供養短冊幷度緣、御經等令讀、被充之數、口別五十卷也、而或依數讀之、或十餘卷、惣無如數之讀輩云々、又件經、大臣以下上官以上幷諸司依仰所書奉、皆有差云々、○流布本ヲ以テ校ス、

〔小右記〕○宮內廳書陵部所藏伏見宮本

六月

廿二日、辛酉、昨日依千人御讀經事召內大臣(教通)、稱病不參、又召中宮權大夫(藤原能信)、同稱障、仍昨日無定、關白命云、今日令定無□〔難カ〕乎如何、若無難者今日可令定者、而此事不知給侍、爲之如何、欲承案內、是佛事也、可無殊難乎、大略廿五・廿七日許云々、報云、上古國忌日○本月二十二日ノ第一條參看、被始行季御讀經、何矧於被定僧名哉、可無難之事也、元慶四年三月十七

藤原頼通ノ見解
藤原實資ノ見解

大旱

日、國忌日(桓武天皇)、始行季御讀經、〇元慶四年三月十七日ノ條參看、大外記文義(小野)云、早旦參關白第、被問國忌日被行御讀經之例、申有例之由、命云、當時(一條天皇)御國忌日也、明日可被定千口御讀經僧名者、余(藤原實資)所思者、至被定御讀經事、不可有憚歟、就中千口御讀經、只任宣旨於寺々歟(脱アルカ)、問遣頭辨、報狀云、當時御國忌日可有難之由不承侍、只今可參關白、府(可カ)隨彼命也者、

〔北山抄〕九 羽林要抄裏書

續水心後記云、

長元五年六月廿七日、丙寅、於八省有千僧御讀經、行道了著座、次藏人頭權左中辨經任朝臣進上卿前、觸御讀經之趣、隨上卿可許、進導師座右邊仰御願趣、次左近少將資房(藤原)進導師右邊、仰給度者之由、先觸上卿、此先例也云々、

〔日本紀略〕後一條院

六月

廿七日、丙寅、請千僧於大極殿、讀觀音經、依祈雨也、從去二月至今月大旱、山崎・攝津大江渡・宇治川等歩行往還、

〔百練抄〕四 後一條天皇

今年、（長元五年）自二月至六月大旱、但五穀稔也、

〔小記目録〕 雷鳴事 ○九條家本

同年六月廿一日、（長元五）雷落所々事、

〔小記目録〕 祈雨事 ○九條家本

同廿三日、（長元五年六月）大極殿千僧御讀經定事、

同廿七日、大極殿千僧御讀經事、依祈雨也、

○丹生・貴布禰両社ニ奉幣シテ、雨ヲ祈ラシムルコト、四月二十八日ノ條ニ、仁海ヲシテ、神泉苑ニ於テ、請雨經法ヲ修セシム、又、安倍時親ヲシテ、五龍祭ヲ行ハシムルコト、五月一日ノ條ニ、七大寺ニ於テ、御讀經ヲ修セシメ、雨ヲ祈ラシムルコト、同月八日ノ第三條ニ、炎旱ニ依リテ、御卜ヲ行フコト、同月十日ノ條ニ、重ネテ丹生・貴布禰両社ニ奉幣シテ、雨ヲ祈ラシムルコト、同月十八日ノ條ニ、大極殿ニ於テ、仁王經ヲ轉讀セシメ、雨ヲ祈ラシムルコト、同月二十日ノ條ニ、石清水八幡宮等ノ諸社ニ於テ、仁王經ヲ轉讀セシメ、雨ヲ祈ラシムルコト、同月二十四日ノ第一條ニ、大極殿ニ於テ、仁王經ヲ轉讀セシメ、雨ヲ祈ラシムルコト、同日ノ第

二條ニ、炎旱ニ依リテ、大神宮ニ奉幣スルコト、本月二日ノ第一條ニ、祈雨ノ爲メ、大極殿ニ於テ、臨時仁王會ヲ行フコト、同月十五日ノ條ニ、旱魃ニ依リテ、軒廊御トヲ行フコト、同月二十日ノ條ニ見ユ、

二十八日、丁卯、法成寺ニ於テ、法興院法華八講ヲ行フ、

〔左經記〕○谷森本

六月

廿八日、丁卯、天晴、○中略、陣定ヲ行ヒ、相撲ヲ停ム、又、施米文ヲ奏スルコトニカヽル、本月二十九日ノ第一條ニ收ム、次參法成寺、依爲故大入道(藤原兼家)之御八講始也、事了歸家、

二十九日、戊辰、陣定ヲ行ヒ、相撲ヲ停ム、又、施米文ヲ奏ス、

〔左經記〕○谷森本

六月

廿八日、丁卯、天晴、召使來云、明日右大臣(藤原實資)殿有被定申之事可被參內、早可參之由大外記文義(小野)有令申者、令申可參入之由、次右府(實資)御消息云、明日定申相樸(撲イ、下同ジ)停否幷可令奏施米文、早可參內者、則令申可早參之由、

上卿藤原實資

旱損ニヨリ相撲召合ヲ停止スベシヤ否ヤノ議

先例四箇度中三度行ハル

天曆九年例京外ノ愁殊ニ甚シ

延長三年例勅定ニ従フベシ

施米文

內覽

相撲召合停止ノ官符

廿九日、戊辰、天晴、早旦參殿(藤原頼通)、次參內、右府被參入、頃之召外記被仰云、參內府(藤原教通)可令申、有可定申之事、早參而可令參給之由云々、上達部多以參入、若可令參給者早可參給歟者、暫內府參入、右府被下外記勘文了、今年四月以後旱損、相樸召合可停止歟否之由、可定申者、內府以下次第見下了、大外記文義勘申、延來(喜歟)廿三年有召合、但依旱無樂、〇延長元年七月是月ノ條參看、延長三年依旱(マヽ)召合、〇延長三年七月二十七日ノ第一條及ビ同條ノ補遺參看、天曆九年於仁壽殿有召合、依大旱無樂、〇天曆九年七月二十六日ノ條參看、長保〔六カ〕〇年有召合、依旱無樂、〇寬弘元年七月十七日ノ條參看、左衞門督(源師房)・侍從中納言(藤原資平)・左宰相源中將(源顯基)・左大辨(藤原重尹)・余等申云、如勘申者、四箇度之中三个〔箇イ〕度有召合、就中天曆九年大旱者、其年被行、准彼例彼〔被イ〕行、有何事乎者、內府・右兵衞督(源朝任)被申云、炎旱日久、京外之愁殊甚云々、依延長例被停止之宜歟、右府令頭辨(藤原經任)奏之、上達部定申旨各如此之、彼此所申共有其理、左右可從勅宣歟云々、次起座、移外座、示左大辨云、施米文具哉、大辨申儲候之由、起座、於腋床子見文書、歸著座、左兵衞督(藤原公成)・宰相中將先起座、是依急所起歟、顧史方、史持納文莒〔筥イ〕、置右府御所〔衍カ〕前退歸、次召頭辨下文、入筥、被仰內覽了可奏之由、依無他辨便被付奏也、從此下二行計(許)破了、仍不書云々、〇コノ割書、恐ハ書寫者ノ注記ナラン、付山々爲長吏三人慥可令行、又相樸事依炎旱可停止之由可仰者、右府奉仰之〔々カ〕左大辨、々々於陣仰義賢朝臣(惟宗)、相樸可停之由、可賜官符於五畿七道云々、次右府以下退出、

〔日本紀略〕後一條院

六月

廿九日、戊辰、施米定、相撲節依旱可停止、

〔小記目錄〕祈雨事 ○九條家本

同(長元五年六月)廿六日、旱魃年相撲召合停止事、

〔小記目錄〕六 年中行事六 相撲事 ○九條家本

同(長元)五年六月廿九日、相撲定事、

同日、陣定事、相撲有無事、

可給相撲停止官符事、

〔小記目錄〕五 年中行事五 施米事 ○九條家本

同(長元)五年六月廿九日、施米定事、

尾張ノ百姓、國司ノ善狀ヲ申ス、

〔小記目錄〕十八 臨時八 諸國善狀事 ○京都御所東山御文庫本

同(長元五)年六月廿九日、尾張國百姓申善狀事、

同年同月同日、尾張國百姓善狀可令取進事、

○コノ條、小記目錄ニ據リテ掲書ス、

結願

七月大盡庚午朔

四日、癸酉、廣瀬・龍田祭、

〔日本紀略〕後一條院

七月

四日、癸酉、廣瀬・龍田祭、

九日、戊寅、季御讀經、

〔日本紀略〕後一條院

七月

九日、戊寅、季御讀經始、

十二日、辛巳、季御讀經了、

○季御讀經定ノコト、本年三月十六日ノ條ニ見ユ、

十日、己卯、石清水八幡宮ノ怪異ニ依リテ、軒廊御卜ヲ行フ、

〔日本紀略〕後一條院

七月

風無クシテ大木倒ル大蛇御所ニアリ

御年十

御世系

十日、己卯、有軒廊御卜、依石清水怪異也、

〔小記目録〕十六臨時六 怪異事 ○九條家本

同（長元五）年七月五日、石清水宮怪異事、無風大木仆、大虵在御所、

同十一日、石清水怪異御卜事、

十四日、癸未、無品敦元親王薨ズ、

〔日本紀略〕後一條院

七月

十四日、癸未、無品敦元親王薨、年十、

〔小記目録〕二十 親王・女御薨事付著錫紵・薨奏・葬禮・法事 ○京都御所東山御文庫本

長元五年七月十五日、小一條皇子（敦元）逝去事、

〔尊卑分脈〕三條源氏

三條院 人皇六十七代、諱居貞、在位五年、冷泉院第二皇子、

母贈后超子（藤原）、太政大臣兼家（藤原）公女、寛仁元四十（廿）九落飾、四十二歳、法諱金剛行（淨）、同年五九崩於三條院、

天延四正三誕、○中略寛和二七十六太子、十一歳、同日元服、寛弘八六十三受禪、卅六才、○中略長和五正廿九譲位、同年二十四（三）太上尊號、四十一歳、○天延以下イナシ、

小一條院皇子

小一條院 皇太子、敦明、長和五正廿九立太子、元一品式部卿、寛仁元八九辭之、同月〇月イナシ、廿五日尊號、則授院號、號小一條院、〇號小一條院イナシ、
母皇后藤娍子〔娍〕、(藤原)濟時卿女、長久二、、出家、永承三〔六〕正八薨、

敦儀親王 中務卿(イナシ)、式部卿〔等イアリ〕、號岩藏式部卿宮、
母同小一條院、(イナシ)

敦平親王 兵部等卿、二品、式部卿(イナシ)、
母同小一條院(イナシ)、永承四三十八薨、

師明親王 二品、於仁和寺爲僧、寛弘八十五立親王、永保三二廿敍(敍イナシ)二品、〇中略法名性信、〇中略出家之後准三后宣旨〔下イ〕、
母同、應德二(二イナシ)九廿七薨、八十一歳〔入滅イ〕、

敦貞親王 中務卿(イナシ)、實者小一條院子、爲祖帝子、
母(藤原)顯光公女、〇藤原延子

敦昌親王
母同敦賢〔賴宗公女イ〕、

敦元親王 實父小一條院、爲祖帝子(イナシ)、
母(藤原)道長公三女、〇藤原寛子

敦賢親王 式部卿、實父(イナシ)小一條院子、爲祖帝子(イナシ)、
母賴宗〇藤原公女、〔同敦昌イ〕承保四〔八〕七十七薨、卌八才、

皇女 禎子、陽明門院、〇中略後朱雀后、後三條院母后(イナシ)、〇中略
母中宮(藤原)姸子、(道長)御堂二女、

長元五年七月十四日

敦貞親王三品式部卿、為祖帝三條院子（イナシ）云々、（イナシ）
母左大臣顯光公女、三品、（イナシ）康平四二八薨、四十八歳、

基平參議、（イナシ）從三位、侍從、號御子宰相、
母右大臣頼宗公女、（イナシ）（公イナシ）

信宗〔左〕右中將、正四下、備中守、後拾金等作者、
母下野守政隆女、（源）世人號瑠璃女御、承保元六卅卒、號院中將、

敦元見右、母、

顯宗母、（イナシ）

當宗母、（イナシ）

行觀大僧正、號錦織僧正、定基僧正弟子、母、（イナシ）

聖珍阿闍梨、母、（イナシ）

儇子內親王三條院為子、母、（イナシ）

當子內親王齋宮、寛徳三三十卜定、永承三九八下向、母、（イナシ）

康子齋院、母、（イナシ）

〔本朝皇胤紹運録〕

第六十七
三條院諱居貞、治五年、
母贈后超子、兼家公女、

天延四正三降誕、〇中略寛和二七十六元服、十一、同日立太子、寛弘八六十三受禪、三十六、
〇中略同(長和)五正廿九讓位、四十一、〇中略寛仁元四十九出家、四十二、法諱金剛淨、同年五九崩、

小一條院　諱敦明、〇中略
母皇后娥〔娍〕子、濟時女、

敦儀親王　式部卿、中務卿、〇中略
母同、

敦平親王　二品、式部卿、兵部卿、永承四三十八薨、
母同、

師明親王　三品、〇中略於仁和寺出家、法名性信、〇中略出家
之後准三后、應德二九廿七薨、八十二、母同、

當子內親王　齋宮、
母同、

禔子內親王　三品、配大(藤原教通)二條殿、
母同、

陽明門院　禎子內親王、一品准后、〇中略後朱雀院后、後三條母
后、嘉保元正十六崩、八十三、母中宮妍子、御堂二女、

儇子內親王　號冷泉宮、信家(藤原)卿室、
實小一條院御子、

敦貞親王　三品、式部卿、中務卿、實小一條院御子、
康平四二八薨、四十八、母顯光公女、

敦昌親王　實小一條院御子、出家、法名明行、〇中略
母賴宗公女、

敦元親王　母御堂三女、

長元五年七月十四日

長元五年七月十四日

敦賢親王式部卿、實小一條院御子、母同敦昌、

嘉子內親王齋宮、寛德三三十卜定、

榮子內親王

敦貞親王三品、式部卿、中務卿、爲祖帝子、母顯光公女、

敦元親王爲祖帝子、母道長公三女、

儇子內親王配權中納言信家、三條院爲子、

嘉子內親王齋宮、寛德二三十卜定、

齊子女王齋院、號春日齋院、母下野守源政隆女、號瑠璃女御、

源基平三木、從二、侍從、號御子宰相、母賴宗公女、或敦賢親王子云々、

源信宗正四下、左中將、民部大輔、備中守、號院中將、承保元六卅卒、母同春日齋院、

顯宗

當宗

僧行觀大僧正、號錦織僧正、定基僧都弟子、母牛物、

聖珍阿闍梨、

〔帝王系圖〕○前田家本

「六十七」(朱書、下同ジ)
三條院諱居貞、
母贈皇太后藤超子、法興院禪閤女、(藤原兼家)〔閤、下同ジ〕

小一條院太子、諱敦明、
母皇后藤娍子、左大將濟時女、

敦儀親王式部卿、二品、出家住石藏、
母同小一條、

敦平親王式部卿、二品、
母同小一條、

敦貞親王式部卿、三品、實小一條院子、
母左大臣藤顯光女、

敦元親王無品、實小一條院女〔子〕、
母法成寺禪閤女、(藤原道長)

敦昌親王無品、實小〔一脱〕條院子、
母同敦貞、

敦賢親王式部卿、四品、實小一條子、
母右大臣藤賴宗女、

「性信法親王」二品、俗名師明、
母同小一條、號大御室、

當子內親王伊セ齋、後適三位道雅、(藤原)

御事歴

三條天皇ノ皇子トシテ親王ト爲ス

御同母ノ妹

長元五年七月十七日

禔子內親王二品、配二條關白（藤原教通）、母同小一條、

陽明門院禎子、後朱雀院后、後三條母、母皇太子〔后〕藤妍子、法成寺禪閤女、

儇子內親王實小一條院女、配中納言藤信家、母同敦元、

嘉子內親王伊セ齋、實小一條院女、母同敦賢、

榮子內親王實小一條院女、母同敦貞、

〔日本紀略〕後一條院

長元二年六月

七日、甲午、以前三條院皇子敦元・敦昌等爲親王、實小一條院息、

〔榮花物語〕三十二哥合 ○梅澤義一氏所藏三條西本

○上略小一條院には○中略高松殿（寛子）の御はらは、若宮敦元親王、爲十歲薨、儇子內親王、號冷泉宮、家信（信家）卿室也、若宮はうせ給て、女宮ひと丶ころそおはします

は、高松殿（源明子）のうへの御かたはらはなたすかしつき丶こえさせ給、

○敦元親王、御幼少ニシテ、御母藤原寛子ト死別シ給フコト、萬壽二年七月十一日ノ條ニ見ユ、

十七日、丙戌、勘解由次官藤原國成ヲ、文章得業生試ノ問頭ト爲ス、

式部省官ノ故障ニ依ル

〔桂林遺芳抄〕問頭博士事

一、省官故障之時用他儒例

○中略

文章得業生正六位上行備中掾藤原朝臣明衡誠惶誠恐謹言

請特蒙天恩、因准先例、被下宣旨於式部省、以正五位下行勘解由次官藤原朝臣國成爲問頭奉試狀、

右、明衡謹撿案內、文章得業生課試、省官有故障之時、申請諸儒爲問頭者、古今之例也、近則藤原實範問頭文章博士善滋爲政、○萬壽三年十一月二十一日ノ條參看、菅原定義問頭東宮學士藤原義忠、藤原國成問頭散位高階□等是也、爰明衡可奉試之由被綸旨矣、而當時省官故障、然間明衡聚螢之勤久積、射鵠之志難遂、望請天恩、因准先例、被下宣旨於彼省、以件國成爲問頭、將泝龍門之浪、明衡誠惶誠恐謹言、

長元五年七月八日　文章得業生正六位上行備中掾藤原朝臣明衡

大納言兼民部卿中宮大夫藤原朝臣齊信宣、奉勅、宜令國成問文章得業生藤原明衡之策者、

長元五年七月十七日

同年同月十四日　掃部頭兼大外記土佐権守小野朝臣（文義）奉

同年同月十五日　小録紀頼政

〇中略

一、雲客勤問頭例

〇中略

五位例〇中略

又　長元五年七月十七日宣旨、

試衆　文章得業生藤原明衡、

問頭　正五位下勘解由次官藤原國成、

〔魚魯愚鈔〕二外記方下諸道課試及第

申文

前文章得業生正六位上藤原朝臣永實誠惶誠恐謹言

請被特蒙天恩、因准先例、依獻策勞、拜任左衛門尉闕、蒙檢非違使宣旨狀、

依策勞任左右衛門尉例

右狀略之、

○中略
同（藤原）明衡長元五年十二月○中略策、

康和二年正月廿三日　　前文章得業生正六位上藤原朝臣永實

○十二月、藤原明衡對策ノコト、便宜合敍ス、

二十日、己丑、宇佐八幡宮神殿等ノ顚倒ニ依リテ、軒廊御卜ヲ行フ、又、官符ヲ大宰府ニ下シテ、同宮ノ立柱幷ニ上棟ノ日時ヲ改定シ、同宮ノ造立ヲ勤行セシム、

〔日本紀略〕後一條院

七月

廿日、己丑、軒廊御卜、宇佐宮寶殿去四月廿二日、依爲大風顚倒事也、○四月二十二日ノ條參看、

〔類聚符宣抄〕三怪異事

神祇官

卜物怪事

長元五年七月二十日

陰陽寮ノ占

問、大宰府言上去五月廿日解文偁、八幡宇佐宮御殿、或顚倒、或寄傾、怪歟、卜合、
推之、奉爲公家、殊無咎、依怪所不淨所致歟、若可有口舌歟、卜合、

長元五年七月廿日

炊〔灼カ〕手齋院宮主代伊岐
相推
宮主權大副卜部宿禰〔兼忠カ〕
少副大中臣

陰陽寮
占大宰府言上八幡宇佐宮寶殿去四月廿二日顚倒怪異
今月廿日己丑、時加酉、太一臨酉爲用、將青龍、中大吉、將螣虵、終從魁、將玄武、卦遇從革、
推之、從申酉丑寅方、奏兵革事歟、期今日以後卅五日內及明年四月・七月節中竝甲乙日也、何以謂之、用起金神、卦遇從革、又大歲上臨二凶神、將帶勾陣、皆是主兵革事之故也、至期被誡、無其咎乎、

長元五年七月廿日

允中原（恆盛）
助兼陰陽博士巨勢朝臣（孝秀）
頭兼漏剋博士大中臣朝臣（實光）

立柱上棟日時

大宰府ノ定

公定ノ神事

太政官符大宰府
雜事貳箇條
一、應立八幡宇佐宮御殿日時事、
十月廿六日甲子
立柱時巳未　上棟時未申
右、得彼府去五月廿日解狀偁、得彼宮今月二日牒狀偁、件御殿等任被定下之日時、立柱上棟之後、爲去四月廿二日大風、或以顚倒、或亦傾寄、〇四月二十二日ノ條參看、仍言上如件者、依牒狀、檢案內、件宮卅年一度之造作、任官符旨、去年十一月七日、始木作、〇四年十一月七日ノ條參看、今年二月十一日、立柱上棟、而件御殿等、彼日暴風忽至、或顚倒、或傾寄、是在當府之定、不經申請可令直立、然而本已公定之神事、非當府之進退、寔雖不作畢、豈可然

懈怠ヲ致ス国司ノ名ヲ注申セシム

神祇官ノト口舌
陰陽寮ノ占兵革

乎、非蒙裁定、何得自由、望請官裁、早被裁下、將遂其功者、抑件御殿、須守日時如法造立、而如云々者、〔作聞イ〕管内諸國不成其勤、結搆之間、料材木不具、假立柱石、愁上棟梁、如此作事之不法、自爲神事之違例、因之暗示咎徵、忽表神異、則知諸國致懈怠、府官不催行之故也、左大臣〔藤原頼通〕宣、奉勅、宜下知彼府、以件日時造立、殊致謹厚、將以勤行、又諸國司致懈怠之輩、早錄名言上者、

一、應祓清不淨攘除兵革・口舌事、

右案同前解、件御殿顚倒・傾寄事、若是有故歟、仍以神祇官・陰陽寮、各令卜筮、卽神祇官勘申云、奉爲公家無殊咎、依怪所不淨所致歟、若可有口舌歟者、陰陽寮勘申云、從申酉丑寅方奏兵革事歟、期今日以後卅五日内及明年四月・七月節中竝甲乙日也者、卜筮所告、非無咎徵、攘除兵革、祈請福祚、不可求外、偏仰當宮矣、同宣、奉勅、宜祓清怪所不淨、祈以兵革之事者、

以前條事如件、府宜承知、依宣行之、符到奉行、

參議從三位行右大辨兼近江權守源朝臣〔經頼〕　從五位下行左大史惟宗朝臣〔義賢〕

長元五年七月廿日

〔小記目録〕十六 臨時六 怪異事
○九條家本

（長元五年七月）
同廿一日、宇佐宮寶殿爲風被吹仆事、有御卜、

○陰陽寮、宇佐八幡宮造營材木採始日時勘文ヲ上ルコト、四年正月三日ノ第二條ニ、同宮造營始等ノ官符ニ請印スルコト、同年九月五日ノ第一條ニ、同宮作事始ノコト、同年十一月七日ノ條ニ、大風ニ依リテ、同宮ノ神殿等、顚倒スルコト、本年四月二十二日ノ條ニ見ユ、

二十一日、庚寅、防鴨河使除目、

〔小記目録〕防河事
○九條家本
長元五年七月廿一日、防河使除目事、

○コノ條、小記目録ニ據リテ掲書ス、

二十八日、丁酉、右大臣藤原實資、尾張國大粮官符ノ違失ニ就キテ、指示ス、

〔小右記〕○宮内廳書陵部所藏伏見宮本
七月大

大學寮允不參

廿八日、丁酉、〇中略、出雲杵築社ノ託宣ニ改元ノコトアリ、是日、藤原頼通ニ諮リ給フコトニカヽル、正月二十二日ノ條ニ收ム、辨持來〇中略弁尾張國大粮官符、件官符有史暑〔署〕無名、已請印官符也、國司被持此〔マヽ〕事有公文煩者、余〔藤原實資〕答云、彼時辨頼〔藤原〕任已無其身、就中留案令尋檢、事無相違、准失符例可令申歟、以無辨暑〔署〕之官符、不可合公文、如此之事有例乎否、云合大辨、可聞其旨、亦達關〔藤原頼通〕白欲隨處分、

〇藤原頼任卒スルコト、三年七月是月條ニ見ユ、

三十日、己亥、寮試ヲ延引ス、

〔小記目錄〕十八臨時八 寮試事 〇京都御所東山御文庫本

長元五年七月卅日、寮試、依允不參、延引事、

同年八月一日、釋尊〔奠〕〇八月八日ノ條參看、以前寮試不可有憚事、

〇コノ條、小記目錄ニ據リテ掲書ス、

致方ノ息男從女ヲ刃傷ス

八月 小盡 庚子朔

一日、庚子、檢非違使、前武藏守平致方ヲ左衞門射場ニ候セシム、

〔日本紀略〕後一條院

八月一日、庚子、前武藏守平致方被下左衞門弓場、依息男刃傷從女也、

〔小記目録〕十七 臨時七 闘亂事付刃傷・闘殺・謀殺・罪科 ○京都御所東山御文庫本

(長元五)同年七月廿六日、斫人手者、被尋問事、

同年八月一日、檢非違使圍前武藏守致方事、依切女手也、

同日、令候弓場者、可仰上卿哉事、

同日、致方令候左衞門府弓場事、

○致方、雜事ヲ申請スルコト、十一月十二日ノ條ニ見ユ、

八日、丁未、釋奠、

〔日本紀略〕後一條院

八月

八日、丁亥〔未〕、釋奠、

廢務ニ依リテ內論義ナシ

祈年穀奉幣定

〔小記目錄〕三年中行事三　二月釋奠事　○九條家本
(長元五)同年八月八日、釋奠事、
同年同月九日、依廢務、無內論義事、○本月九日ノ條參看、

九日、戊申、祈年穀奉幣、廢務、
〔日本紀略〕後一條院
八月
三日、壬寅、祈年穀奉幣諸社定、
九日、戊申、奉遣奉幣諸社使、依祈年穀也、
〔小記目錄〕三年中行事三　二月祈年穀奉幣事　○九條家本
(長元五)同年八月、祈年穀奉幣定事、
同年同月九日、被立祈年穀奉幣事、
〔小記目錄〕三年中行事三　二月釋奠事　○九條家本
(長元五)(八)同年同月九日、依廢務、無內論義事、○本月八日ノ條參看、

十一日、庚戌、定考、

〔日本紀略〕後一條院

八月

十一日、庚戌、定考、

〔小記目録〕六 年中行事六 定考事 ○九條家本

同(長元)五年八月十一日、定考事、

十三日、壬子、關白左大臣藤原頼通、始メテ牛車ニ乗リテ參內ス、

〔日本紀略〕後一條院

八月

十三日、壬子、關白(藤原頼通)左大臣初乗牛車入自上東門、立車於朔平門前、

〔小記目録〕輦車宣旨事付牛車 ○九條家本

長元五年八月十三日、關白初乗牛車參內事、

〔小記目録〕吉書事 ○九條家本

長元五年八月十三日、關白見吉書事、

〔水左記〕○京都御所東山御文庫本

永保二年正月
八日、博陸(藤原師實)示予(源俊房)云、故宇治殿(頼通)御春秋卅一之歳初乘牛車令參內給、

〔殿暦〕○陽明文庫本

元永元年十一月
廿五日、癸酉、天晴、○中略、藤原忠實、始メテ牛車ニ駕シテ參內スルコトニカヽル、元永元年十一月二十五日ノ第二條ニ收ム、宇治殿・故殿(師實)皆於御年四十一令駕牛車給、就彼例余(藤原忠實)乘之、○中略、同上、宇治殿駕牛車給日、先參上東門院(藤原彰子)、次參內、

〔岡屋關白記〕○陽明文庫本

建長元年三月
廿二日、天晴、○中略、石清水臨時祭、是日、藤原兼經、始メテ牛車ニ駕シテ參內スルコトニカヽル、建長元年三月二十二日ノ第一條ニ收ム、是日余(藤原兼經)初駕牛車令參、蒙攝政詔之日雖有宣下、○嘉禎三年三月十日ノ條參看、年齒未至之間、于今不駕之、是先規也、○中略、同上、宇治相國(頼通)四十一、○中略、同上、宇治殿及暮年有上達部之日者、雖差入車、猶於庭中被駕、○中略、同上、則參內、○中略、同上、余示藤中納言(定嗣)云、臨時祭定遲々歟、吉書雖今間有何難哉、先例多臨時祭以後雖有此事、是自然事歟、徒何可相待哉、且他日駕牛車令參之時勿論歟、近則長元○中略、同上、如此、

○頼通ニ牛車ヲ聽スコト、寬仁元年三月二十二日ノ條ニ見ユ、

武藏小野御馬逗留解文ヲ奏ス

出雲守橘俊孝并ニ官史廣雅藤原實資第ニ參ル

十六日、乙卯、駒牽、

〔日本紀略〕後一條院

八月

十六日、〔乙〕己卯、駒引、

〔小右記〕○宮内廳書陵部所藏伏見宮本

八月

廿日、己未、○中略、出雲國司及ビ杵築社司等、同社託宣ノ無實等ヲ申ス、仍リテ、是日、陣定ヲ行ヒ、同託宣ノコト等ヲ議スルコトニカヽル、本月二十日ノ條ニ收ム、頭辨(藤原經任)傳進右馬寮〔申〕中小野御馬不牽進解文、令奏、

二十日、己未、出雲國司及ビ杵築社司等、同社託宣ノ無實等ヲ申ス、仍リテ、是日、陣定ヲ行ヒ、同託宣ノコト等ヲ議ス、

〔小右記〕○宮内廳書陵部所藏伏見宮本

八月

二日、辛丑、知道申云、去夜出(衍)夜出雲守(橘)俊孝參申云、只今丑時許、參上、史廣雅同參上者、依及深更不申事由者、差隨身信武(身人部)遣致旨(マヽ)所、即申返事、

國司解文社司共ニ託宣無キ由ヲ申ス

神人ニ非ザル者ニ給リタル位記ヲ返進ス

實資ノ參内

服者神事ノ僉議ニ預ルベシヤ否ヤノ論

法家ヲシテ罪ヲ勘申セシム

七日、丙午、左少辨經長朝臣(源)持來出雲國杵築社文等、先日所下給文幷問注社司・在廳官人等文等也、國司解文與社司申無託宣之由、亦以王陪膳事、亦以非神人之者給位記者、仍件位記不給、廣雅返進、經長朝臣□來、傳關白(藤原頼通)御消息云、事也(已)不輕、先可令上達部定申歟、答云、諸卿僉議最可然事也、下官(藤原實資)觸穢之後宜日可參入、其後可定申歟、

廿日、己未、今日可定申出雲事、々依不輕、終(修歟)諷誦於三ヶ寺、東□〔寺〕・清水・祇薗、今日定、事最可僉議、内府(藤原教通)參入不定云々、仍重差外記貞親(中原)達案内、有可營(勞歟)參之(報)、予(實資)午時參入、催諸卿之剋限也、少納言資高(藤原)相從、中納言資平(藤原)追從陽明門參入、迎來内記所北邊、相共入自敷政門、□□大辨立壁後、相揖差(著カ)陣、次大納言齊信(藤原)卿參入、次内大臣(教通)已下參入、○中略、駒牽ノコトニカヽル、本月十六日ノ條ニ收ム、中納言兼隆(藤原)重服人也、大納言齊信卿云、今日定神事、重服人無便僉議乎、兼隆之(云)、參關白令申案内、命云、可無事忌歟、然而今有斯難、仍退出、後聞、左宰相中將顯基(源)輕服、聞此事、在關白宿所、不預僉議云々、

〔日本紀略〕後一條院

八月

廿日、己未、仰明法道、令勘申出雲守橘俊孝言上杵築社顛倒幷託宣事無實之由、又以官

絞殺ヲ勘申ス

位授人罪科事、

〔皇代記〕○千鳥祐順氏所藏 後一條

(長元)五□〔年〕〔丨〕、□〔壬申〕、月、日、爲決出雲守俊孝奏門〔聞〕託宣、下遣官史記〔衍カ〕廣雅於彼國、召問在廳官人幷神民等之處、悉以無實、廣雅歸洛奏聞無實之由、法家勘申云、罪可絞殺者、

○出雲杵築社ノ神殿顚倒スルコト、四年八月十一日ノ第二條ニ、同社顚倒ニ依リテ、軒廊御卜ヲ行フコト、同年閏十月三日ノ條ニ、神殿顚倒ノコトニ依リテ、同社ニ奉幣使ヲ發遣スルコト、同月十五日ノ條ニ、同社ノ託宣ニ依リテ、大極殿ニ於テ、臨時仁王會ヲ行フコト、同年十一月三十日ノ條ニ、同社ノ託宣ニ改元ノコトアリ、是日、藤原賴通ニ諮リ給フコト、本年正月二十二日ノ條ニ、同社ノ託宣ノ御愼ニ依リテ、御物忌アリ、又、内裏ニ於テ、御修法幷ニ大般若不斷御讀經ヲ行フコト、三月十二日ノ條ニ、陣定ヲ行ヒ、出雲國司申請ノ同社造立ノ事等ヲ定ムルコト、六月三日ノ第二條ニ、出雲守橘俊孝ヲ佐渡ニ配流スルコト、九月二十七日ノ第二條ニ見ユ、

二十五日、甲子、右大臣藤原實資、非常赦ニ依リテ免除セラル、調庸未進ニ、陸奥砂金・對馬銀及ビ水銀ノ入ルヤ否ヤヲ、主稅助三善雅賴

陸奥砂金
對馬銀
水銀

ニ問フ、

〔小右記〕○宮内廳書陵部所藏伏見宮本

八月

廿五日、甲子、經長（源）朝臣持來宣旨草、頗宜、二所有可改之事、示〔含カ〕食其由返給了、召主稅助雅頼（三善）、同〔問カ〕陸奥砂金事可逢詔哉否事也、申云、彼國百姓辨狹布、皆是調庸傜丁之所辨、至狹布依詔文所被免也、至金者、以彼調庸傜丁給食所令掘進、不可潤免調庸等之詔、調庸等丁其數多々、然者所課砂金可及數千兩、只是年料所被定置也、一切不可被免者、唯對馬嶋銀者有所被充之丁數、仍可霑詔書歟、余（藤原實資）仰云、水銀者付〔如脱カ〕、雅頼云、慥不覺者、仰云、件三色事、尋勘可進之由召仰之、雅頼云、滋望（藤原）・倫寧（藤原）之時、天曆（村上天皇）御宇、不被免事也、倫寧全勤五个年料金了、年々遺金三千餘兩又辨進者、○天曆八年是歲ノ第五條參看、件事見故殿（藤原實頼）御日記、與所申無相違、

關白左大臣藤原頼通、故入道前太政大臣藤原道長ノ遺領近江大原莊ヲ中宮藤原威子ニ獻ズ、

〔左經記〕○京都御所東山御文庫本

遺言アリ

橘義通ニ公驗ヲ預ク

所出ノ材木ヲ小二條殿ノ修理ニ充テシム

官歴

類聚雜例

長元五年八月廿五日、甲子、天晴、依召參關白殿（藤原頼通）、依爲御物忌、於門外令申事由、被仰云、故殿（藤原道長）御領在近江國甲可郡大原庄可奉中宮（藤原威子）之由、有遺言、而依日次不宜、于今未奉也、今日宜日也、仍奉之、早持參此公驗等、啓事由可預大進義（橘）通朝臣、是依仰預小二條殿修理事、以件良〔庄イ〕所出之材木等爲充用彼殿修理料預給之由、仰知彼朝臣可預也、又以宜日可仰始彼殿修理之由者、奉此旨、參結政、上不參、仍無政、次入内、次參宮（威子）御方啓事由、以公驗預義通朝臣、令示仰旨了、○流布本ヲ以テ校ス、

○結政ノコト、便宜合敍ス、道長薨ズルコト、萬壽四年十二月四日ノ第一條ニ見ユ、

二十六日、乙丑、前美濃守藤原庶政、出家ス、

〔小記目録〕十六 臨時六 出家事付受戒 ○九條家本

同（長元）五年八月廿六日、前美濃守庶（藤原）政出家事、

○コノ條、小記目録ニ據リテ掲書ス、庶政ノ事蹟、便宜左ニ合敍ス、

〔權記〕○宮内廳書陵部所藏伏見宮本

寛弘六年五月一日

藏人

五位

少納言

皇太后宮大進

長元五年八月二十六日

別記也、一日、乙卯、（○中略、御物忌、上野諸牧駒牽ノコトニカヽル、寛弘六年五月一日ノ條ニ收ム、）卽令召外記、令賫解文參御所、令藏人庶政奏之、

〔御堂關白記〕○陽明文庫本

長和元年閏十月

廿七日、辛卯、從早朝起、催行女御代雜事、（○中略、大嘗會御禊ノコトニカヽル、長和元年閏十月二十七日ノ條ニ收ム、）御前卅人、（○中略、同上、）五位十四人、（○中略、同上、）庶政、

二年十一月

廿九日、丁巳、（○中略、石清水八幡宮ニ行幸アラセラル、コト及ビ采女町幷ニ內膳司贄殿、燒亡スルコトニカヽル、ソレゾレ長和二年十一月二十八日及ビ同月二十九日ノ條ニ收ム、）少納言庶政申落馬由、

四年十一月

十五日、辛酉、天晴、昨日初雪、（○中略、吉田祭、是日、初雪見參ノコトニカヽル、長和四年十一月十四日ノ條ニ收ム、）從皇太后宮(藤原彰子)、大進庶政朝臣先日御經供養日（○長和四年十月二十五日ノ條參看、）ニ雜物送文持來、

〔小右記〕○前田家本

長和五年六月

正五位下

前因幡守

四位

美濃守

二日、甲戌、今日遷幸一條院、〇中略、藤原道長ノ上東門第ヨリ、新造ノ一條院ニ遷御アラセラル、皇太后モ亦、移御シ給フコトニカヽル、長和五年六月二日ノ條ニ收ム、攝政(藤原道長)以藏人頭左中辨經通(藤原)、令書敍位人々、〇中略、同上、正五位下藤原庶政・源行任、已上二人皇太后宮大進、

〔諸寺供養類記〕一

堂供養記

〇中略

不知記

治安二年七月十四日、壬午、天晴、〇中略、道長、法成寺金堂ヲ供養スルコトニカヽル、治安二年七月十四日ノ條ニ收ム、堂童子西八人、前因幡守庶政〇中略、同上、已上四位、

〔小右記〕〇宮内廳書陵部所藏伏見宮本

萬壽四年十一月

廿六日、壬戌、禪閣(閤)(道長)危急、仍(衍カ)平野行幸(後一條天皇)法成寺、〇中略、法成寺ニ行幸アラセラレ、道長ノ病ヲ問ヒ給フコト、及ビ藤原實資、宇佐八幡宮造替ノ宣旨ヲ辨ニ下スコトニカヽル、ソレゾレ萬壽四年十一月二十六日ノ第一條及ビ同日ノ第二條ニ收ム、辨(藤原重尹)云、〇中略、法成寺ニ行幸アラセラレ、道長ノ病ヲ問ヒ給フコトニカヽル、萬壽四年十一月二十六日ノ第一條ニ收ム、度(庶政)改美濃守、還御後有除目、大納言齊信(藤原)而(マヽ)行、〇中略、同上、件兩人(庶政・豐原爲長)、令預造法成寺塔者等也者、

〔日本紀略〕後一條院

因幡守ヨリ遷任ス

藤原頼通家家司

名ノ訓ミ

世系

萬壽四年十一月

廿六日、壬戌、○中略、法成寺ニ行幸アラセラレ、道長ノ病ヲ問ヒ給フ、又、封五百戸ヲ同寺ニ施入シ給ヒ、以御諷誦及ビ萬僧御供養ヲ修セラル、コトニカヽル、萬壽四年十一月二十六日ノ第一條ニ收ム、

因幡守庶政任美濃守、

〔榮花物語〕三十　つるのはやし　○梅澤義一氏所藏三條西本

○上略（藤原頼通）關白殿〔にはイ〕のかみ（イナシ）の家司因幡前司守イ○の（庶政）ちかたゝ〔道たかイ〕をは、（藤原頼明）よりあきらか〔のイ〕ゝはりの美濃になさせ給、○富岡本ヲ以テ校ス、

〔尊卑分脈〕藤原氏　長良卿孫

典雅　攝津守、從五〔四〕下、實父僧證覺也、（イ證覺者大納言扶幹子也、ナシ）
母

懷政　從五下、
母、

藏

庶政《チカ》（イナシ）　美乃守、從四〔五イ〕下、
母中宮大進連直女、

直政　帶刀長、
母、

寺

長守　權僧正、龍花院、（イナシ）
母、

女子　右大辨定親（平）妻、
母（イナシ）

庶政ノ事蹟
藤原懷忠ト庶政

藏式 道政 甲斐守、從五下、イ懷政子、母、
藏 成資 大和守、從四下、母大外記（菅原）忠輔女、
女子 尾張守（藤原）時房母、阿波守藤惟任室、母、（イナシ）

〔江家次第〕十一 十二月 荷前事
（藤原）懷忠卿爲荷前使時、當宇治三所、夜冴寒、至河原邊、次官庶政申云、此已宇治也、即燒幣物、此事常爲後悔、

○庶政、藏人トシテ、奏宣ノコトニ從フコト、**寛弘六**年七月二十七日ノ條・同**七**年十月十日ノ第一條・同月十六日ノ第二條・同月十七日・同月二十二日・同月三十日及ビ同年十一月二十八日等ノ條ニ、群盜ノ藤原伊周ノ室町第ニ入ルニ際シ、道長ノ使トシテ參ルコト、**長和二**年二月二十六日ノ條ニ、道長ノ上東門第ニ行幸アラセラルニ際シ、鈴奏ニ奉仕スルコト、同**三**年五月十六日ノ條ニ、胸病ヲ煩フコト、同年十二月二十三日ノ條及ビ同月二十六日ノ第一條ニ、故賀靜ニ僧正法印大和尚位ヲ贈ルニ際シ、宣命使ト爲ルコト、同**四**年六月十九日ノ條ニ、內裏女官ト皇太后宮ノ下

部ト闘亂スルニ際シ、庶政ニ就キテ、内裏女官ニ不宜ノ氣色アルコト、同年七月十七日ノ第一條ニ、皇太后宮ニ穢アル由ヲ道長ニ報ズルコト、同年九月二十三日ノ第一條ニ、敦良親王讀書始ニ際シ、文人等ノ定文ヲ道長ヨリ下サル、コト、同年十二月四日ノ條ニ、元日節會ニ參入シ、諸役ニ奉仕スルコト、同**五**年正月一日ノ條ニ、南所申文ニ參入シ、諸役ニ奉仕スルコト、同月十六日ノ第一條ニ、御讓位ニ依ル固關・警固ニ參入シ、諸役ニ奉仕スルコト、同月二十五日ノ條ニ、後一條天皇御受禪ノ儀及ビ同天皇御卽位ノ儀ニ參入シ、諸役ニ奉仕スルコト、ソレゾレ後一條天皇**長和五**年正月二十九日ノ條及ビ同年二月七日ノ條ニ、御卽位ノ由奉幣ニ際シ、使ト幣料トノ官符請印ニ就キテ失アルコト、同年三月八日ノ第一條ニ、皇太后宮ノ侍等ノ藤原宗相妻少將命婦ヲ凌轢スルニ際シ、道長ノ勘當ヲ受クルコト、同月二十日ノ第二條ニ、旬平座ニ參入シ、諸役ニ奉仕スルコト、同年四月一日ノ條ニ、道長ノ女藤原隆子著裳ノ儀ニ際シ、皇太后彰子ノ御使ト爲ルコト、**寛仁元**年四月二十六日ノ條ニ、定考ニ參入シ、諸役ニ奉仕スルコト、同年八月十一日ノ條ニ、東宮敦良親王ノ初メテ拜觀シ給フニ際シ、同宮ノ御理髮ニ奉仕スルコト、同月二十一日ノ條ニ、道長ノ任

行啓召仰

藤原實資ノ不參
大臣ノ行歩ハ六七町ニ及ブベカラズ

路次

太政大臣ノ儀ニ參入シ、諸役ニ奉仕スルコト、同年十二月四日ノ條ニ、東宮(敦良親王)ノ中宮(藤原妍子)御在所(道長ノ上東門第)ヨリ、還啓アラセラル、ニ際シ、東宮ヲ抱キ奉ルコト、同**二**年十月二十二日ノ條ニ、五節ヲ獻ズルコト、**長元元**年十一月十一日ノ第二條ニ、藤原實資ニ絹ヲ贈ルコト、同**二**年九月五日ノ第二條ニ、其ノ他、**萬壽四**年十二月四日ノ第一條ニ庶政ノ名見ユ、

二十八日、丁卯、中宮、藤原威子初齋院大膳職ニ行啓シ給フ、

〔小右記〕○宮内廳書陵部所藏伏見宮本

八月

廿八日、丁卯、○中略、爲通、姓闕ク、藤原實資ニ陸奥紙・漆等ヲ贈ルコトニカヽル、本日ノ第三條ニ收ム、今日中宮(藤原威子)行啓院、院々(御カ)坐大膳職、(齋院馨子内親王)外記貞親(中原)云、中宮大夫齊信(藤原)卿可行召仰事、或云、實康(藤原)卒去云々、○本日ノ第二條參看、齊信卿姪歟、有假歟、○中略、藤原實康卒スルコトニカヽル、本日ノ第二條ニ收ム、今日不可候行啓之由、示送頭辨許(藤原經任)、爲令披露、縱雖可堪歩行之人、大臣行歩不可及六七町、

廿九日、戊辰、昨日行啓作問(マヽ)經長(源)、云、御輦車、戌時出自朔平門東行、更折南、之(々カ)行折東、經外記局北、從匣小道折南、之(々カ)行更折東、從待賢門路東行、入自大膳職北門、

〔日本紀略〕後一條院

八月

廿八日、丁卯、中宮行啓齋院御所大膳職、

〔皇代記〕後一條 ○千鳥祐順氏所藏

(長元)五□〔年〕〔一〕、□〔壬申〕、八月廿八日、丁卯、中宮行啓齊〔齋〕院御在、〔所脱カ〕一宿還御、

〔榮花物語〕三十一 殿上花見 ○梅澤義一氏所藏三條西本

○上略、賀茂齋院馨子內親王、初齋院ニ入御アラセラル、コトニカヽル、四月二十五日ノ條ニ收ム、

八月卅〔マヽ〕日に中宮威子行啓あり、蘇芳のこくうすきにほひなとに、くさのからの御そなとたてまつる、いとおかしうなまめかしく、めてたき御ありさまなり、月ころのほとにこよなくおとなひさせ給にけるを、あはれにみたてまつらせ給、ふつかはかりおはしましてかへらせ給を、いとあかすくちをしうおほしめさる、うち(後一條天皇)の御つかひの霧をわけてまいるも、いとおかしうおほしめさる、

○馨子內親王、初齋院ニ入御アラセラル、コト、四月二十五日ノ條ニ、中宮、威子初齋院ニ行啓シ給フコト、六年四月二日ノ條ニ見ユ、

右京大夫從四位下藤原實康、卒ス、

藤原齊信姪

官歷

石清水臨時祭舞人五位

右近衛少將

〔小右記〕○宮内廳書陵部所藏伏見宮本

八月

廿八日、丁卯、○中略、爲通、姓闕ク、藤原實資ニ陸奥紙・漆等ヲ贈ルコト及ビ中宮藤原威子、初齋院大膳職ニ行啓シ給フコトニカヽル、ソレゾレ本日ノ第三條及ビ同日ノ第一條ニ收ム、外記貞親(中原)云、中宮大夫齊信(藤原)卿可行召仰事、或云、實康(藤原)卒去云々、齊信卿姪歟、有假歟、經季(藤原)云、今曉實康卒去者、

〔左經記〕○京都御所東山御文庫本

寛仁二年三月

十三日、丙午、石清水臨時祭事、舞人、○中略、石清水臨時祭ノコトニカヽル、寛仁二年三月十三日ノ第一條ニ收ム、實康、以上五位、

〔小右記〕○前田家本

寛仁三年正月

廿四日、壬午、今日慶賀人々多來、○中略、縣召除目ノコトニカヽル、寛仁三年正月二十三日ノ條ニ收ム、黄景、少將實康朝臣來、

〔左經記〕○京都御所東山御文庫本

寛仁四年二月

藏人
正五位下
從四位下
前少將
世系

五日、丁亥、參內、〇中略、釋奠ノコトニカヽル、寛仁四年二月五日ノ第一條ニ收ム、及未剋、於關白(藤原頼通)御宿所、被定藏人幷昇殿事、
藏人、〇中略、藏人ヲ補スルコトニカヽル、同日ノ第二條ニ收ム、右近少將實康、左兵衞昇〔督カ〕〇藤原公信一男、

〔職事補任〕後一條院 五位藏人

左〔右〕近少將正五位下藤實康　萬壽元正九補、同二正七從四位下、

〔小右記〕〇宮內廳書陵部所藏伏見宮本

萬壽二年十一月

廿五日、癸卯、〇中略、諸國申請ノ雜事ヲ定ムルコト及ビ藤原經通ノ男、元服スルコトニカカル、ソレゾレ萬壽二年十一月二十九日ノ條及ビ同月二十五日ノ條ニ收ム、
今夜右兵衞督經(藤原)通子二人加首服、〇中略、經通ノ男、元服スルコトニカヽル、萬壽二年十一月二十五日ノ條ニ收ム、入夜四位侍從經(藤原)任・前少將實康將來新冠者等、相逢謝遣之、

〔尊卑分脈〕藤原氏 爲光公孫

公信 五藏頭　權中納言、從二位、左衞〔兵衞〕門督、春宮權大夫〔亮イ〕、檢別當〔イナシ〕、母太政大臣伊尹(藤原)女、萬寸〔壽〕三五十五薨、

實康 藏五　左京大夫、彈正少弼(大輔)、從四、母大藏卿正光(藤原)女(藤原光子)、

保家　內藏頭、備後守、春宮亮、正四下、母民部卿藤泰兼女、康平七壬〔閏〕五卒、

父母妹見ユ

弟ノ卒去
齊信ノ養子

季貞 太皇大后〔太〕宮大夫、従五上、母、

寺 公覺 大僧都、母、

女 母、源良宗妻、

興 頼尊 法印、興福寺別當、母和泉守通信女、(マヽ)

〔榮花物語〕 二十七 ころものたま ○梅澤義一氏所藏三條西本

○上略 まことかの左(左イナシ)兵衞督(公信)の北方(大藏卿正光女)、〔はイアリ〕正月廿〔二イ〕よ日の(イナシ)ほとになくなり給にけれは、おとこきみは(はイナシ)少將實康のきみまたわら〔はらわイ〕はにて、さては(イナシ)十四はかりの姫〔女イ〕君のいとうつくしきそもたまへりける、○富岡本ヲ以テ校ス、

〔小右記〕 ○前田家本

寛仁三年

(十月)廿七日、庚戌、權中將(藤原)公成以將曹正(紀)方消息云、○中略、平野祭幷ニ春日祭ノコトニカカル、寛仁三年十一月八日ノ條ニ收ム、少將實康依弟服、今朝弟童死去、右兵衞督〔公〕正信子、入按察(藤原齊信)養子、不可勤春日祭使歟、

〔榮花物語〕 二十七 ころものたま ○梅澤義一氏所藏三條西本

弟妹齊信ニ養ハル

室
藤原經通女

子女

○上略、藤原公信薨ズルコトニカヽル、萬壽三年五月十五日ノ條ニ收ム、かくてそののち姫君を(イナシ)は大納言殿(齊信)むかへとり給てけり、○むかへ以下九字、富岡本、そひめ君むかへたてまつり給けるニ作ル、わらはなるきみ〔にものし給イ〕はほうし〔にイアリ〕とおほしけれ〔たりイアリ〕と、それもこの○富岡本、コノ次ニ、大納言ノ三字アリ、殿、かうふりせさせて、われしたてんと〔てイアリ〕おほしける、○富岡本ヲ以テ校ス、

〔小右記〕○前田家本

萬壽元年十二月

四日、戊午、左〔右〕少將實康妻右兵衞督(藤原經通)太娘、從一昨有產氣惱苦、

六日、庚申、右兵衞督息女今曉產、兒損、

〔榮花物語〕二十七 ころものたま ○梅澤義一氏所藏三條西本

○上略、公信薨ズルコトニカヽル、萬壽三年五月十五日ノ條ニ收ム、少將(實康)は(はイナシ)いまの別當(經通)左(左イナシ)右兵衞督の御むこなれは、そのゆかりに兵衞督を(をイナシ)もあはれに思きこゆへ〔え給イ〕し、○富岡本ヲ以テ校ス、

〔僧綱補任〕四 ○興福寺本

永承元年丙戌、竪者賴尊右京大夫藤實康子、母權中納言藤經通女、「廿一」(朱書)、

〔尊卑分脈〕藤原氏北家

頭 正光 參議、大藏卿、從三位、左中將、母左馬頭(藤原)有年女、長和三二廿八〔九〕卒、

女子（藤原）長家卿室、母左京大夫實康女、

○實康、相撲召合ニ參入シ、諸役ニ奉仕スルコト、寛仁三年七月二十七日及ビ治安三年七月二十七日ノ條ニ、季御讀經ニ出居ト爲ルコト、寛仁四年四月二十八日ノ第一條ニ、藤原頼通・同顯光・同實資・同公任ノ上表ニ際シ、勅使ト爲ルコト、同年六月十四日ノ第一條・治安元年五月二十日ノ第二條・同年十月十六日及ビ萬壽元年十二月十日ノ諸條ニ、淸涼殿ニ置カレタル裹火ヲ打滅スルコト、寛仁四年十二月二日ノ條ニ、踏歌節會ニ參入シ、坊家奏・踏歌圖ヲ實資ニ傳ヘ進ムルコト、治安元年正月十六日ノ第一條及ビ同三年正月十六日ノ條ニ、僧綱召ニ、少納言代ヲ勤ムルコト、同元年五月二十七日ノ第二條ニ、相撲使ヲ定ムルコト、同二年四月二十六日ノ條ニ、右近衞府荒手結・同眞手結ニ參入シ、諸役ニ奉仕スルコト、同三年正月十一日ノ條・同年五月四日ノ第一條及ビ同月六日ノ條ニ、障ヲ申シテ、春日祭使ヲ辭退スルコト、同年二月二日ノ條ニ、源倫子ノ六十ノ賀ニ、舞人ヲ勤ムルコト、同年十月十三日ノ條ニ、實資第ニ勸學院歩アルニ際シ、勸杯ニ奉仕スルコト、同年十一月

二十五日ノ第二條ニ、藤原經通ノ女ト婚スルコト、同年々末雜載、社會ノ條ニ、ソノ從者、濫行ノコトニ依リテ、捕ヘラル、コト、**萬壽四**年八月四日ノ條ニ、藤原齊信ノ五節ノ童女トシテ樋洗童ヲ進ムルコトニ就キテ、天皇ノ仰ヲ承ルコト、同年十一月十七日ノ第二條ニ見ユ、

出羽守爲通、姓闕ク、右大臣藤原實資ニ陸奥紙・漆等ヲ贈ル、

〔小右記〕○宮内廳書陵部所藏伏見宮本

八月

廿八日、丁卯、○中略臨夜、出羽（守）爲通蜜〔密〕々進陸奥紙・漆等、

九月大盡己巳朔

三日、辛未、御燈、

〔日本紀略〕後一條院

九月

三日、辛未、御燈、

九日、丁丑、重陽平座、

〔日本紀略〕後一條院

九月

九日、丁丑、平座、見參、

〔小右記〕○宮内廳書陵部所藏伏見宮本

九月大

十日、戊寅、○中略、伊勢例幣ノコトニカカル、本月十一日ノ條ニ收ム、民部卿(藤原齊信)昨日行宜陽殿事、

〔小記目録〕五　年中行事五　四月　○九條家本

(長元五)同年九月九日、平座、見參、上卿一人行事、

見參

上卿藤原齊信

一人行事

戌時
難産

十一日、己卯、伊勢例幣、

〔小右記〕○宮内廳書陵部所藏伏見宮本

九月大

十日、戊寅、今日關白（藤原頼通）相府見明日卜串、仰云、內大臣（藤原教通）已下次第可申明日御幣事可被行之事、民部卿（藤原齊信）昨日行宜陽殿事、○本月九日ノ條參看、々既相（脱アルカ）仍不參入歟、於小臣（藤原實資）者不行數行之事、執柄（頼通）所被存、

〔日本紀略〕後一條院

九月

十一日、己卯、例幣、

十三日、辛巳、東宮敦良親王王女、娟子御誕生アラセラル、

〔小右記〕○宮内廳書陵部所藏伏見宮本

九月大

十三日、辛巳、今日良久清談、不變先日詞、（脱アルカ）○コノコト、便宜附載ス、東宮（敦良親王）御息所一品禎子戌時産女子、夜闌中納言（藤原資平）從彼宮來云、難産、適被遂、不著座退出、

三夜
藤原頼通御
産養ヲ奉仕
ス
参入ノ公卿

五夜
禎子内親王
家御産養ニ
奉仕ス
参入ノ公卿

七夜
東宮職御産
養ニ奉仕ス
禄
参入ノ公卿

十六日、甲申、昨一品宮産養、関白(藤原頼通)被用意、参会卿相、関白・内府(藤原教通)・大納言頼宗(藤原)・能信(藤原)・長家(藤原)・中納言実成(藤原)・師房(源)・経通(藤原)・資ー〔平〕・朝任〻、定頼(藤原)・参議兼経(藤原)・朝任(源)・兼頼(藤原)・公成(藤原)・重尹(藤原)・経頼(源)、有攤興云々、

十八日、○(丙)戌、去夜事問遣中納言、報云、本宮(禎子内親王)所被儲也、上達部・殿上人禄有差、饗饌如常、関白・内府・大納言三人頼宗・能信・長家、・中納言五人実成・師房・経通・資ー〔平〕・定頼、・参議六人朝任・兼経・兼頼・公成・重尹・経頼、

十九日、丁亥、今日東宮御産養云々、中納言依多武峯物忌不参、宰相中将(兼経)云、諸卿禄大褂、本宮加児衣・襁褓等歟、中将禄加襁褓、参入卿相、内府・大納言斉信(藤原)・頼宗・能信・長家・中納言実成・師房・定頼・参議朝任・兼頼・公成・重尹・経頼、無和歌之興、有擲采○(之)戯云々、

〔日本紀略〕後一条院

九月

十三日、辛巳、東宮妃一品内親王産生第一〔二〕女子、去四月、渡坐少納言橘義通(藤原)中御門宅、

〔皇代記〕後一条 ○千鳥祐順氏所蔵

五□〔一〕(長元)(年)、□〔壬申〕、九月十一日、夜、東宮女御産、

○禎子内親王、御產ニ依リテ、藤原義通ノ中御門宅ニ遷リ給フコト、四月三日ノ第二條ニ、東宮敦良親王王女娟子五十日ノ御儀アルコト、十一月一日ノ第二條ニ見ユ、

二十日、戊子、關白左大臣藤原賴通、白河第ニ於テ、作文ヲ行フ、

〔小右記〕○宮内廳書陵部所藏伏見宮本

九月大

十日、戊寅、○中略、伊勢例幣ノコト及ビ當年不堪佃田、又、檢交替使ヲ定ムルコトニカヽル、ソレゾレ本月十一日ノ條及ビ同月二十七日ノ第一條ニ收ム、次頭辨(藤原經任)來、問白河第詩合事、云、雖有云々、未承一定、閭巷云、十三日、若十三日詩合實者、事及翌日、十八日、(丙)戌、○中略、東宮敦良親王々女娟子、御誕生アラセラルヽコトニカヽル、本月十三日ノ條ニ收ム、廿日、作人(衍カ)文云々、

〔日本紀略〕後一條院

九月

廿日、戊子、關白(藤原賴通)左大臣家有詩會、題云、殘菊色非一、公卿以下濟々焉、

卅日、戊戌、關白左大臣於白河院詩會、題云、秋盡夕陽中、

〔泥之草再新〕

從四位下行大學頭兼文章博士東宮學士伊與權介藤原朝臣明衡

題

政

詩
殘菊色非一
錦繡洗文寒岸露、畫圖後素曉籬霜、

〔和漢兼作集〕九冬部上
殘菊一〃非一（〃ニ「色」ト傍書）
錦繡文章絕岸月、鳳凰毛羽刷籬霜、　藤原國成朝臣
錦繡洗文寒岸露、畫圖後素曉籬霜、　藤原明衡朝臣

○三十日、賴通、白河第ニ於テ、作文ヲ行フコト、便宜合敍ス、

二十七日、乙未、當年不堪佃田申文、又、檢交替使ヲ定ム、

〔小右記〕○宮內廳書陵部所藏伏見宮本
九月大
十日、戊寅、○中略、伊勢例幣ノコト及ビ重陽平座ノコトニカヽル、ソレゾレ本月十一日ノ條及ビ同月九日ノ條ニ收ム、中納言（藤原資平）來、卽參衙政、次頭辨（藤原經任）來、問白河第詩合事、○中略、藤原賴通、白河第ニ於テ、作文ヲ行フコトニカヽル、本月二十日ノ條ニ收ム、余（藤原實資）云、十四日可有不堪申文・交替使

吉書申文
吉書奏

定、若十三日詩合實者、事及翌日、大辨・中辨間一人參入可行也、大略示頭辨了、

〔小記目錄〕○九條家本

（長元）同五年八月十三日、吉書申文事、
同年九月廿六日、吉書奏事、
同年同月廿七日、不堪佃〔田脫カ〕申文事、

〔小記目錄〕十八臨時八受領事○京都御所東山御文庫本

（長元五）同年九月廿七日、定交替使事、

○八月十三日、吉書申文ノコト幷ニ本月十日、政ノコト及ビ同月二十六日、吉書奏ノコト、便宜合敍ス、

出雲守橘俊孝ヲ佐渡ニ配流ス、

〔日本紀略〕後一條院

九月

廿七日、乙未、出雲守橘俊孝配流佐渡國、依杵築宮無實也、

〔小右記〕○九條家本

俊孝重病ヲ受ケ越前敦賀郡ニ留マル
藤原頼通家ニ犬死ノ穢アリ
頼通許容ナシ

（十一月）十日、戊寅、左少辨經（源）長持來領送流人俊孝使左衞門府生光近申文、其狀云、俊孝從去月五日受重病彌以辛苦、仍罷留越前國敦賀郡、不能□途者、示可奏之由了、經長觸關白（藤原頼通）家犬死□不令著座、

十四日、壬午、〇中略、平野祭幷ニ春日祭ノコト及ビ内侍所御神樂、是日、當年不堪佃田荒奏ノコトニカヽル、ソレゾレ十一月四日ノ條及ビ同月十四日ノ第一條ニ收ム、便以經長令奏使解文事、云、申關白命云、早罷下ニツ吉メ、其外無左申、〇十一月十四日ノ第一條參看、其次問領送ヽ右命、似無許容者、

〔小記目錄〕神社託宣事 〇九條家本

（長元五年）同九月廿四日、出雲國司罪狀、可加奉劫驚乘輿由事、

同廿七日、出雲守俊孝配流事、

〔百練抄〕四 後一條天皇

九月廿日（マヽ）、出雲守橘俊孝勘罪名、配流佐渡國、是杵築社顚倒幷有神詫（託、下同ジ）由奏聞、仍遣實檢使之處、皆無實之故也、或記云、稱詫宣授官位於人云々、

〔扶桑略記〕二十八 後一條天皇

長元五季壬申九月廿七日、出雲守橘俊孝配流佐渡國、可造杵築宮寶殿虛誕詫（託）宣、奏聞公家、依事無實、勘罪名所配也、

〔皇代記〕後一條 ○千鳥祐順氏所藏

(長元)五□〔年〕〔丨〕、□〔壬申〕、九月廿五日(マヽ)、流□□〔俊孝〕佐渡國、

〔十三代要略〕後一條院

(長元)五年、九月廿七日、配流出雲守橘俊孝于佐渡國、言上稱杵築神託宣可作寶殿之事之故也、

○出雲杵築社ノ神殿顚倒スルコト、四年八月十一日ノ第二條ニ、同社顚倒ニ依リテ、軒廊御卜ヲ行フコト、同年閏十月三日ノ條ニ、神殿顚倒ノコトニ依リテ、同社ニ奉幣使ヲ發遣スルコト、同月十五日ノ條ニ、同社ノ託宣ニ依リテ、大極殿ニ於テ、臨時仁王會ヲ行フコト、同年十一月三十日ノ條ニ、同社ノ託宣ニ改元ノコトアリ、是日、藤原賴通ニ諮リ給フコト、本年正月二十二日ノ條ニ、同社ノ託宣ノ御愼ニ依リテ、御物忌アリ、又、内裏ニ於テ、御修法幷ニ大般若不斷御讀經ヲ行フコト、三月十二日ノ條ニ、陣定ヲ行ヒ、出雲國司申請ノ同社造立ノ事等ヲ定ムルコト、六月三日ノ第二條ニ、出雲國司及ビ杵築社司等、同社託宣ノ無實等ヲ申ス、仍リテ、是日、陣定ヲ行ヒ、同託宣ノコト等ヲ議スルコト、八月二十日ノ條ニ見ユ、

見參

十月大盡己亥朔

一日、己亥、旬平座、

〔日本紀略〕後一條院

十月一日、己亥、平座、見參、

〔北山抄〕一年中要抄上四月○前田家永正本

同日（朔）旬事、十月同之、他月近例不必出御、

○中略

裏書云、

○中略

著東座人路事、

納言（藤原資平）記云、

○中略

同（長元）五年十月一日、云々、右金吾（藤原經通）以下移著宜陽殿、金吾著外座、予（資平）著奧座、渡辨座上頭、但沓者脫置辨座上壇上、

和歌題

和歌序題

〔小記目録〕五年中行事五　四月　○九條家本

(長元五)同年十月二日、昨日平座、見參事、

二日、庚子、殿上ノ侍臣、大井川ニ遊覧ス、

〔日本紀略〕後一條院

十月

二日、庚子、殿上侍臣遊覽大炊河、詠和歌、題云、山水留秋、

〔本朝續文粹〕十和歌序

初冬於大井河翫紅葉和謌一首并序、(イナシ)

(藤原)國成朝臣(イナシ)

十月一日、雲客二十餘輩賞景物、忩登臨、策綠耳而望山村、則林風之聲蕭索、命黃頭而棹水鄕、亦沙煙之色眇茫、逍遙之美、未嘗有焉、彼小有洞之僻遠也、白石之跡誰尋、此大井河之風流也、紅葉之粧足觀、情感之至、遂詠和謌、其詞曰、

五日、癸卯、射場始、

〔日本紀略〕後一條院

講師宣旨

講師蓮範

勅使藤原經輔

十月

五日、癸卯、弓場始、

〔小記目録〕七 年中行事七 十月 射場始事 ○九條家本

(長元)同五年十月五日、射場始事、

十日、戊申、興福寺維摩會、

〔左經記〕○谷森本

五月

二日、壬申、天陰時々小雨、威儀師仁滿來云、去晦日、以興福寺蓮範、可請當年維摩講師之由、有宣旨者、

〔維摩會講師研學竪義次第〕上

五年壬申、講師蓮範、年卌五、臈、(朱書)「四月卅日宣、」法相宗、興福寺、參議正三位左(兵脱カ)衛督源賴定息、定澄大僧都入室、住中院、永承三年三月日已講卒、

研學良尊、年廿九、臈、勅使左中辨(藤原)經輔、
林元、年廿八、臈、

〔三會定一記〕一 維摩講師次第

勅使同(經輔)
(長元)同五年右兵衛督賴定子、四月卅日宣、講師蓮範、卌五、興福(寺)、法相、竪義良尊、廿九、林元、廿八、

慶懐辭退替

藤原實資ノ參入

〔僧綱補任〕三 ○興福寺本

(長元)同五年壬申、講師蓮範、(朱書、下同ジ)「參議右〔左〕兵衞督」法相宗、興福寺、八月卅日宣旨、〔四〕「卅五、減(源)氏、」 「勅使經輔」竪者林元興、良尊同、「廿九、」深緣(東大寺)東、花嚴〔宗〕、、

〔僧綱補任〕乾 ○彰考館本

長元五年壬申、講師蓮範、法相宗、興福寺、臘、年三十五、慶懐辭退替、四月卅日宣旨、源氏、

〔小記目錄〕七 年中行事七 十月 維摩會事 ○九條家本

(長元)同五年四月卅日、維摩講師宣旨事、

○コノ條、式日ニ據リテ掲書ス、

十一日、己酉、上東門院御念佛、

〔小記目錄〕九 佛事上 院宮御讀經事 ○九條家本

(長元五)同年十月十一日、(上東門院藤原彰子)女院御念佛始事、

〔小記目錄〕大臣以下物詣事諸社・諸寺 ○九條家本

(長元五)同年十月十三日、參法成寺(上東門院彰子)院御堂(東北院)事、

○コノ條、小記目錄ニ據リテ掲書ス、

十七日、乙卯、大粮申文、陣定、

〔小記目録〕○九條家本陣定事

（長元五）同年十月十七日、陣定事、

〔小記目録〕三 年中行事三 二月位祿付大粮 ○九條家本

（長元五）同年十月十七日、大粮申文事、

○コノ條、小記目録ニ據リテ掲書ス、

十八日、丙辰、上東門院菊合、

〔歌合第五〕○陽明文庫所藏

（上東門院藤原彰子）女院哥合菊合、長元五年十月十八日、

〔歌合〕○五十巻本

かみなつきのとうかまりのほとにかへらせたまふを、よのつねならすめてたかりつるなこりこひしきに、ゆふへの御ね佛のひとすくなにことそきたれと、ありつきてつねのことにてはあはれにたうときを、おまへにもしつやかにおこなはせたまて、○本月十一日ノ條參看、はしをこらんしいてたり、ひと〳〵ひころにくるしかりてまかりなとして、十よ人はかりさ〔候〕

ふらふ〔をイ〕、ほとけのおまへのきくをうゐ、（イナシ）人のかたわきてみはしのひたりみき、ませもそのこゝろはへありて、いとみうゐたるいろいつれともなきなかに、左はひとともときくえ（イならす（ナシ）、右はむらきくのこるいろなくうつろひたるを、たゝいまさふらふかきりこ〔なイ〕かたかなたによりて、はかなきくちすさひにいひたるうたともをかきて、たゝならむより○以上十五字、二十巻本ニ據リテ補フ、はうゐしひと〳〵にみせはやといふほとに、春宮〔東イ〕大夫（藤原頼宗）〔のイアリ〕みたまう〔ひイ〕て、左〔右イ〕はとう（藤原經任）の辨、右はとう（源隆國）の中將にたまはせたるを、けふあすは殿ゝ〔の〕（藤原頼通）御ものいみなり、おなしくはまいらせ□〔たまておまへにてあはせむとてカ〕おの〳〵とりていつるを、よみたまへる人〳〵も、いとかたはらいたうはしたなきこともありなむかしとおもふ思ふ、いたしくるまにのりてひきつゝけたるに、心もとなしとにや、しのひさきたちてまいりつきぬるもあるをとまらせたまひぬ、ひと〳〵かへりまいれとありけれは、ものくるほしくもとむつかれと、つきのくまなうあかきによのふけぬるもいとをかしけれは、すたれあけてみいきけるに、なほしすかたのひと〳〵むまにてゆきすくるはありつるかた人なるへし、よふけたるかりのこゐにそこはかとなきふえのねのかよ《あそ》ひて、しつのをのこのことゝはきこえすをかしき、ものゝあはれもとりあつめ、みにしむかせのはしたなきまてあかき

藤原頼通物忌終リテ参入ス

賜祿

つきに、きりふかきさほのかはへまてきにけるにや、ちとりなく、

かはきりにまよはぬつきはうきみさへこゝろもそらにすむよなりけり

おほんものいみあきてとのまいらせたまへるに、かくはかなかりしことをほいならうとりなされたるみくるしさをまうさせたまへは、昨日のゆふつけてなむうけたまはりし、いとをかしきことゝそ人〳〵もまうす、まためつらしきことにてさふらひなむ、なとまうさせたまふを、あはするにてはおもひもあへぬことゝもあらむものを、なとまうさせたまへと、なほいとみたるけしきにて、たいのひむかしのひろすのこに、かむたちめよりはしめてゐわかれたまふ、

左、民部卿（藤原齊信）・中宮權大夫（藤原能信）・右衞門督（藤原經通）・兵衞督、

右、春宮大夫・權大納言（藤原長家）・四條中納言（藤原定頼）・宰相中將、

殿はいつかたにかとみたてまつるに、たゝなかにさふらはむとのたまはすれと、こかたにそ御心よせありけなめる、御あそひのものゝねなともをりからにやとすくれてきこゆ、人〳〵のろくにおほんそをたまはす、

左　勝（イナシ）　　伊勢大輔

長元五年十月十八日

なかきよのためしにそふるきくのはなゆくすゑとほくきみのみそすむ

右　　伊豫中納言

むらさきのにほひことなるきくのはなはつしもよりやわきておきけむ

左　　大輔

めもかれすみつゝくらさむしらきくのな〔はイアリ〕よりのちのはなしなけれは

右　　辨乳母

うすくこくうつろふいろも〔はイ〕おくしもにみなしらきくとみえわたるかな

左　　少納言典侍〔中納言内侍イ〕

ひにそ〔ころイ〕へてうつろひそふ〔まさイ〕るきくのはないくよのしもをふるにかあるらむ

右　　後少輔（イナシ）

みるひとのこゝろをいろに〔はなイ〕なすものはうつろふきくのさかりなりけり

左　　小辨

さくはなのたくひあるとそおもひけるいろ〱にほふきくのまかきを

右　　五節

ちよふへきゝみかまかきのきくのみそ〔てイ〕はなのなかには〔もイ〕ひさしかるへき〔りけるイ〕

左　前典侍〔中納言内侍イ〕

みるまゝにいろのまさるはきくのはなちよまてさけとしもそおくへき〔らしイ〕

右　平少将〔少納言内侍イ〕

あさしもの〔にイ〕おきつゝみれはきくのはなよのま〳〵にゝほひこそませ

□〔左イアリ〕

つきかけのてりそふきくはうつろへるうへにもしものおくかとそみる

右　讀人不知〔イナシ〕

うゐてみるかひもあるかなゝかきの〔よ脱カ〕ためしにしものおけるしらきく〔おけるしらきくのはなイ〕

左　みの辨

たちならふいろなきものはむらさきのうつろふきくのはなにそありける

右　大輔

月かけにしもおきまかふしらきくのかをたつねすはいかてをらまし

左

長元五年十月十八日

月かけにむらさきふかき丶くのうへはいくしもおきてそめしにほひそ　○以上六行、二十巻本ニ據リテ補フ、

右　〔辨乳母イ〕

きくのはなうつろふいろをみてのみそおもふことなききみとはしりける《〔なりぬイ〕》

左　小辨

いろ〳〵《〔よなイ〕》にうつろふきくはむかし《〔のしもにいろますきくのはなイ〕》よりけふのためとやおもひそめけむ《〔おきイ〕》　○以上、二十巻本ヲ以テ校ス、

右

ゆふかけの風のみたる丶むらきくはなひくかたにそいろをかへける

左

こむらさきやしほそめたるきくの花うつろふいろとたれかみる《いふ》らむ

右

にほふ色のこなたはふかき丶くのはなまさるかたにやしも丶おくらむ

○以上六行、二十巻本ニ據リテ補フ、

〔小記目録〕　十　佛事下　諸寺供養事付諸家塔堂　○九條家本

（長元五）同年十月十日、女院（法成寺東北院）御堂前植菊事、

菊ヲ植ウ

賴通藤原經任ヲ不快ニ處ス

十番

講師

〔小記目錄〕十七　臨時七　勘事付罪名・過狀・怠狀・優免
○京都御所東山御文庫本

(長元五)同年十月廿日、依院歌合事、(賴通)關白處頭辨於不快事、

〔袋草紙遺編〕

一、和歌合次第内裏儀

○中略

次大臣以下賜祿、

○中略上東門院菊合時、人々賜御衣由、見假名記、

○中略

一、古今歌合難、尋古跡可難、

○中略

上東門院菊合、御堂○藤原道長女　十番、長元五年十月、

判者、

講師、左、中宮權亮藤原兼房朝臣、右、左少辨源經長朝臣、

讀師、

長元五年十月十八日

長元五年十月十八日

〔八雲御抄〕二作法部 ○内閣文庫本

一、歌合講師事、

○中略

長元五上東門菊合、左、中宮亮兼房、右、々中辨經長、

○中略

一、物合次哥合、

○中略

院

長元五年上東門院菊合十番、

〔河海抄〕八繪合 ○天理圖書館所藏

御前にてかちまけさためむと

古來物合勝負、常例也、

○中略上東門院菊合○中略等也、

○中略

ろくともは中宮の御かたよりたまはす、みこは御そ又かさねてたまはり給、

○中略

上東門院菊合時、人々賜御衣之由、見假名記、

〔萬代和歌集〕五秋哥下

上東門院歌合のうた　伊勢大輔

なかきよのためしにうふるきくの花行末とほく君のみそみん

〔伊勢大輔集〕

院の御きくあはせ〔女院のきくあはせイ〕に、左のとうにて〔イナシ〕

又、〔イナシ〕

なかきよのためしにうふる菊〔きくイ〕の花ゆく〔行イ〕末とをく君のみそ見〔みイ〕ん

めもかれすみつゝくらさんきくの花きくよりのち〔しらきくのはなよりほかイ〕の花しなけれは

〔後拾遺和歌集〕五秋下

上東門院きくあはせさせ給けるに、左のとうつかまつるとてよめる　伊勢大輔

長元五年十月十八日

めもかれすみつゝくらさんしら菊の花より後の花しなけれは

藤原義忠朝臣

むらさきにやしほそめたる菊の花うつろふ色と誰かいひけん

〔大貳三位集〕

（あきのよの月、）〔衍〕女院の菊合に

うすくこくうつろふいろもをく霜にみなしら菊と見えわたるかな

ゆふかけの風にみたるゝむらきくはなひくかたにそいろをかへける

〔續詞花和歌集〕五 秋下

上東門院菊合に　　辨乳母

うすくこくうつろふ色もをく霜にみなしら菊とみえわたる哉

〔玉葉和歌集〕五 秋哥下

上東門院菊合に　　大貳三位

うすくこくうつろふ色もはつ霜のみな白きくと見えわたるかな

〔新千載和歌集〕五 秋哥下

長元五年十月上東門院哥合に、菊
植てみるかひも有かな長月のためしにさける白菊の花
○二十日、上東門院ノ歌合ノコトニ依リテ、藤原頼通、藤原經任ヲ不快ニ處スルコト、便宜合敍ス、上東門院御念佛ノコト、本月十一日ノ條ニ見ユ、

二十二日、庚申、東宮別納、燒亡ス、

〔小記目錄〕皇居火事付諸司 ○九條家本
（長元）同五年十月廿二日、東宮別納燒亡事、
○コノ條、小記目錄ニ據リテ掲書ス、

二十七日、乙丑、京官除目、

〔小右記〕○宮內廳書陵部所藏伏見宮本
十月
廿九日、丁卯、夜闌式部錄濟任申云、除目召名兵部錄不參、忽有外記催召者、（藤原實資）仰云、雖任式部錄、召名以前猶是兵部錄也、早參役尤可宜、除目召名了也可知式部錄、古昔未召除目之前不申慶、爰猶兵部錄、即馳參勤役、歸來云、上官申有勤之由、

式部錄濟任召名以前ハ前官ノ役ヲ勤ム

除目議始

下名

入眼執筆藤原實資

天文功

平孝義任終年ノ濟物ヲ後司ニ付スコトヲ申請ス

〔日本紀略〕後一條院

十月

廿六日、甲子、除目、

廿九日、丁卯、除目下名、

〔紋位除目執筆抄〕

(長元)同五十廿六、京〔官〕ｌ、廿七入ｌ〔眼〕、執〔筆〕ｌ、(實資)右大臣、

〔地下家傳〕二押小路

中原師任中原致時男、

(長元)同五年十月廿七日、任主税權助、天文功、

〔小記目錄〕十八臨時八 諸國濟物事○京都御所東山御文庫本

(長元五)同年九月十一日、前陸奥守(平)孝義申任終年濟物付後司事、

〔小記目錄〕四 京官除目事付直物・臨時・復任・女官○京都御所東山御文庫本

(長元五年)同十月廿六日、除目始事、

同廿七日、入眼事、

〔小記目録〕十八 臨時八 受領功過事 ○京都御所東山御文庫本

(長元五)
同年十月廿六日、受領功過定事、

同年同月廿七日、國々功過定事、

○九月十一日、陸奥前司平孝義、任終年ノ濟物ノコトニ就キテ申請スルコト、便宜合敍ス、

禎子内親王御在所宣耀殿ニ於テ行フ

藤原頼通王女ニ餅ヲ羞ム

十一月小盡己巳朔

一日、己巳、御暦奏、

〔小記目録〕七年中行事七十一月 御暦奏事○九條家本

長元五年十一月一日、御暦奏事、

○コノ條、小記目録ニ據リテ掲書ス、

東宮敦良親王王女娟子五十日ノ御儀アリ、

〔小右記〕○宮内廳書陵部所藏伏見宮本

十一月小

〔二〕二日、己巳、宰相中將(藤原兼頼)同車參内、依東宮(敦良親王)一品王子(娟子)五十日事、待賢門内執續松、少納言資高(藤原)迎來春花門、參宣耀殿、件殿一品宮直廬、(禎子内親王)關白(藤原頼通)左大臣・内大臣(藤原教通)幷諸卿在饗座、予未到(彼)(藤原實資)殿之門(間カ)、中納言資(平)ー迎來、就食、勸盃太如在也、東宮渡給、母宮(禎子内親王)幷王子前物等殿上人執之、只三人廻之後、(藤原)陪膳宰相中將顯基(源)・左兵衞督公成(藤原)、亥時羞王子餅、關白起座參簾中、依其事歟、良久之後卷御簾、東宮出給、敷圓座、簀子(小字カ)、先關白候庄(座)、召男等、大進隆佐(藤原)參入、召諸卿、余先參入、次内府(教通)已下皆著座、々席狹、下﨟候殿上、給衡(銜)重、次敷給(伶)人座於庭前、自御前在東方、

陪膳ノ作法
伶人ヲ召ス
藤原實資ノ批評
祿
參入ノ公卿

供御膳、懸盤六基、蘇芳螺鈿打敷〔折〕云々、右兵衛督（藤原）朝任陪膳、解劒置笏、須指笏於腎底者也、失也、次召伶人、笙者横笛二人、無唱哥人、亦無絲絃、極見苦、大納言（藤原）能信和琴、拍子中納言（藤原）實成、唱哥大納言（藤原）齊信・（藤原）賴宗等也、今夜御遊不似往昔、不異狹樂、可類蝦遊、和琴・唱歌極不便也、不〔盃〕酒二巡之後給祿有差、大臣女裝束、已下褂・褂袴歟、不慥見、伶人祿白褂、可給疋絹歟、殿上人祿不見、可尋、參入諸卿、左大臣・余・內大臣・大納言齊信・賴宗・能信・（藤原）長家・中納言實成・（源）師房・（平）資｜・參議（藤原）兼經・朝任・兼賴・顯基・公成・（藤原）重尹・（源）經賴、子夜事了、

四日、壬申、平野祭、春日祭、

〔日本紀略〕後一條院

十一月

四日、壬申、平野祭、

〔小右記〕○九條家本

（十一月）十四日、壬午、○中略、源賴信、藤原實資ニ物ヲ贈ルコト、本月二十一日ノ第二條ニ收ム、春日祭十列代仁王經讀經於御社行之、請僧五十口、

〔小記目錄〕三 年中行事三 二月 春日祭 ○九條家本

實資人々ニ牛ヲ頒ツ

高田牧桑直絹ヲ進ム

同牧檢校源

同年(長元五)十一月三日、春日祭使立事、

○春日祭ノコト、式日幷ニ小記目錄ニ據リテ掲書ス、

五日、癸酉、梅宮祭、

〔日本紀略〕後一條院

十一月

五日、癸酉、梅宮祭、

十日、戊寅、石見中津原牧、右大臣藤原實資家ニ、年貢ノ牛ヲ進ム、

〔小右記〕○九條家本

十一月

十日、戊寅、○中略、橘俊孝ヲ佐渡ニ配流スルコト及ビ國正王、擧政姓闕ク、ノ女ヲ强奸ス、又、同王ノ從者、擧政宅ニ强盜ニ入リテ捕ヘラル、ニ依リテ、同王、其ノ關與ヲ疑ハル、是日、宣旨ヲ下シテ、同王ノ罪名ヲ勘申セシム、尋デ、十二月十四日、宣旨ヲ下シテ、同王ノ位一階ヲ貶スコトニカヽル、ソレゾレ九月二十七日ノ第二條及ビ本月十四日ノ第二條ニ收ム、

十一日、己卯、○中略石見牧牛三頭頒與人々、律師(良圓)・宰相中將(藤原兼賴)・知道朝臣、石見牧進年貢牛三頭、

十九日、丁亥、○中略、五節ノコト及ビ實資、掃部寮申請ノコトニ就キテ、奏セシムルコトニカヽル、ソレゾレ本月二十一日ノ第二條及ビ同月十九日ノ條ニ收ム、

高田牧進桑直絹五十疋・解文、注檢校源高解文有種々愁申事等、高進高(マヽ)五疋・長絹

高解文及ビ絹等ヲ實資ニ進メ牧司ノ執當ヲ望ム

高ノ進物ヲ返卻セシム

新任高田牧司初メテ絹ヲ進ム

平致方申請ノ雜事

諸卿定申國々申請雜事文

一疋・鴨頭草移二帖、前々無（マヽ）動〔勤カ〕、亦言上之解文望申執當牧司事、仍可返卻、

廿日、戊子、高田牧桑且〔直カ〕絹五十疋・高所進等物今日進、高所進物返給了、

十二月

七日、甲辰、高田牧絹百千〔十〕疋進之、六十疋桑直、五十疋馬直、新任司武行初進上、○コノ本、蠹蝕ノ箇所多シ、九條家新寫本ヲ以テ補フ、

○筑前高田牧、實資家ニ、年貢ノ料物等ヲ進ムルコト、便宜合敍ス、

十二日、庚辰、諸國申請ノ雜事ニ就キテ、宣旨ヲ下ス、

〔小右記〕○九條家本

（十一月）七日、乙亥、○中略、吉田祭ノコト及ビ國正王、擧政姓闕ク、ノ女ヲ强奸ス、又、同王ノ從者、擧政宅ニ强盜ニ入リテ捕ヘラル、ニ依リテ、同王、其ノ關與ヲ疑ハル、是日、宣旨ヲ下シテ、同王ノ罪名ヲ勘申セシム、尋デ、十二月十四日、宣旨ヲ下シテ、同王ノ位一階ヲ貶スコトニカ、ル、ソレゾレ本月十六日ノ條及ビ同月十四日ノ第二條ニ收ム、

（平）致方申雜事、可進□宣旨可進之由仰之、

十二日、庚辰、頭辨（藤原經任）下給諸卿定申國々申請雜事文、卽宣下、

十三日、辛巳、東宮ニ於テ、御作文アリ、

〔小右記〕○九條家本

（十一月）十四日、壬午、○中略、平野祭幷ニ春日祭ノコト及ビ內侍所御神樂、是日、當年不堪佃田荒奏ノコトニカヽル、ソレゾレ本月四日ノ條及ビ同月十四日ノ第一條ニ收ム、

祇候ノ上達部ニ御衣ヲ給フ
講詩
昭陽舍詩題
藤原實資ノ物忌
減省及ビ後不堪講讀師文
實資ノ參內
參河國司申請ノ交替使文
官奏ノ儀
史守輔ノ失儀

從去夜有東宮(敦良親王)御作文、屬文上達部・殿上人祇候、又地下博士等應召云々、後聞、上達部給御衣云々、余(藤原實資)退出之間、被講詩、仍不令追前罷出、資高(藤原)・賴資(藤原)相レ從輦車、

〔日本紀略〕後一條院

十一月

十三日、辛巳、東宮於昭陽舍召文人、賦詩、題云、雪月多佳會、

十四日、壬午、內侍所御神樂、是日、當年不堪佃田荒奏、

〔小右記〕○九條家本

(十一月)十四日、壬午、○中略、五節ノコト及ビ平野祭幷ニ春日祭ノコトニカヽル、ソレゾレ本月二十一日ノ第二條及ビ同月四日ノ條ニ收ム、今明山階寺物忌、覆推輕、修諷誦、東寺・清水・祇薗、欲候不堪奏、亦有國々減省・後不堪、諸寺講・讀師文云々、可加入之文等事昨日仰貞行(小槻)宿禰、可及十餘通、各々有營申、仍所仰也、參內、資賴(藤原)相從、余(藤原實資)入自敷政門、右大辨經賴(源)在陣頭、余直參南座、大辨著座、下三河國司(藤原保相)申交替使文、大辨結申、仰、可定、大辨復座、問官奏文事、皆具候者、起座退、卽復座、大辨於結政所見奏文、仍早歟、左少史守輔揷奏書々杖度敷政門前、大辨云、奏、余小揖、稱唯見史方、守輔捧奏杖跪候小庭、余目、稱唯趍來著膝突、進奏之間、高聲云、奏、驚

實資奏文披見ノ中間心神乖違ス

實資失儀ノ史ヲ替ヘントスルモ他ノ史候セズ

辨ヲシテ關白ニ內覽セシム

御前ノ儀

史ノ作法非例

內侍所御神樂

奏報實資守輔ヲ勘事ニ處ス

奇無極、暫不取、遂執披見、不堪文外加他文十五通、見文已了、中間心神乖違、如氣上、執扇々面、又更見文、亦猶不宜、扇面如初、相扶見了、破物忌參入、非無怖畏、片結推出板敷端、守輔給之、申云、可候若干、取加書杖、即趁出、余□〔示カ〕大辨云、於膝突奏申事往古不同〔聞カ〕、若有他史相替可令候、大辨云、只今不候者、奏了可令恐之由示大辨、々々云、明日奏報以他史可令進者、諾許了、以左少辨經長(源)經內覽、關白(藤原頼通)今明物忌也、前日達案內、仍所奉也、良久之歸來、傳關白御消息云、見給ッ者、便以經長令奏申、○中略、橘俊孝ヲ佐渡ニ配流スルコトニカヽル、九月二十七日ノ第二條ニ收ム、時剋相移、經長傳召、經階下參上、候奏之儀如常、候御前之間心神不宜、先結申不堪目錄、次他文等、退下、於射場返給奏文於史如例、此間史作法非例尤足驚怪耳、余復仗座、小時史進奏書、余解結緒、先賜表紙、次一々取加文給、史開書令見、傳宣云々、後不堪文者、宣云、停遣使、免給三分之二、自餘□〔任申カ〕等申任、所謂減省、講・讀師文等也、次給不堪文、午結推出、史開不堪目錄令見、宣云、令諸卿定申、次申成文幷可定申文數了、敬屈祇候、余取結緒給之、史取加書於杖趁出、余起座退出、午四剋參、酉剋退出、○中略、東宮ニ於テ、御作文アルコトニカヽル、本月十三日ノ條ニ收ム、今日有內侍所御神樂、余不及秉燭歸家、

十五日、癸未、右少史義成進奏報、守輔處勘事、仍頼〔義〕成進、但守輔暑〔署〕、早旦召左大史貞行宿禰、仰昨守輔事幷奏報史事、貞行所申者、不候奏之史、不知案內加署名何如者、仰、

向後故無クシテ奏日不參ノ史ハ勘事ニ處スベシ

當年不堪文廿六通副文十五通政ナシ

所申可然也、上臈史等昨日不參甚所驚奇、須戒勘也、然而有守輔事、多令〔召〕勘可無便宜、仍殊所不召勘、後々奏日可令戒候事、仰貞行、守輔昨日事早朝示遣右大辨、今月神事繁多之間、久處勘事如何、是爲後輩所召勘也、殊加戒詞、明後日可令優免之由也、上臈史等奏日不參事、極奇事也、後々奏若無指礙不參之者可召勘之由、示遣右大辨、報云、無仰之前所召仰也者、

〔官奏抄〕○宮内廳書陵部所藏九條家本

官奏儀

○中略

一、清涼殿儀

○中略

長元五年十一月十四日、早旦參結政、今日可有官奏、（朱書）「史失禮、仍恐申」仍左少史守輔結合當年不堪文廿六通・副文十五通、插杖寄杖寄左少辨、并申余（經頼）等如例、依無政、剋限入內、右大臣（實資）被參左仗座、余著仗座奏申、顧面、史守輔取奏文進小庭、上因〔目〕、史唯著膝突奉文之間、奏申、余目、雖咳不得意申了、被下文了史退出後、上仰云、史守輔奉文之間奏申、甚以非常、

可恐申之由可仰者、〇以上ノ記ハ左經記ナラン、

〇官奏ノコト、便宜合敍ス、當年不堪佃田申文ノコト、九月二十七日ノ第一條ニ、當年不堪佃田定ノコト、十二月十七日ノ第二條ニ、當年不堪佃田和奏ノコト、同月二十五日ノ第一條ニ見ユ、

藤原實資ノ意見
拷訊ヲ究シテ後眞僞ヲ知ルベシ

是ヨリ先、從五位下國正王、擧政〔姓闕ク〕ノ女ヲ强奸ス、又、同王ノ從者、擧政宅ニ强盜ニ入リテ捕ヘラル、ニ依リテ、同王、其ノ關與ヲ疑ハル、是日、宣旨ヲ下シテ、同王ノ罪名ヲ勘申セシム、尋デ、〔十二月十四日〕、宣旨ヲ下シテ、同王ノ位一階ヲ貶ス、

〔小右記〕〇九條家本

〔十一月〕七日、乙亥、〇中略、吉田祭ノコトニカヽル、本月十六日ノ條ニ收ム、〔藤原經任〕頭辨持來宣旨二枚、□、亦檢非違使勘問强□之盜人、則是國正王從□〔者カ〕□犯以前彼王罷下河內國者、余〔藤原實資〕□〔所カ〕思者、從者所申已似詐僞、件男强盜之間被疵者、疵愈之後、究了拷訊、可知眞僞歟、亦件犯以前罷下河內國之詞、事疑極深、只可奏聞之由相示了、但以此□□□〔語カ〕頭辨同存此情、

勅命

强奸罪名ヲ勘申セシムベシ

藤原頼通實資ノ意見ヲ問フ

實資ノ意見

頼通ニ恩氣アリ

頼通罪名勘申ニ際シテ利業ノ擯斥ヲ命ズ

利業ニ汚穢ノコトアリ

小野文義幷ニ令宗道成ヲシテ勘申セシム

十日、戊寅、〇中略、橘俊孝ヲ佐渡ニ配流スルコトニカヽル、九月二十七日ノ第二條ニ收ム、入夜頭辨來云、關白(藤原頼通)家穢〇九月二十七日ノ第二條參看、交來内裏者、仍(不脱カ)著座、傳勅命云、檢非違使注進日記下給、勘問强盜ム丸之處、申云、正國(國正)王强奸外事所不知、ム丸强盜以前正國(國正)王罷下河内了者、至今偏可令勘申正國(國正)王强奸罪名者、實是關白所命也、内々關白云、下官(實資)有所陳乎、申云、件强盜ム丸疵□(愈之カ)後、究二百杖、可被勘罪名歟、二罪但(倶カ)發可依重歟、關白云、然事也、然而似有恩氣、乍被存下官之所申、被下勘强奸罪名、道理不當、爲避天譴所令申也、

十三日、辛巳、〇中略、頭辨密語云、國正王罪名、不可令明法博士利業朝臣勘申之由、關白有命、先可問宣旨幷文書下不者、只今尋問左大史義賢(惟宗)、可申事由、然後可被傳仰歟、明法博士道成(令宗)幷大外記文義(小野)等可勘申者、如云々者、利業多得俊孝(橘)物、〇九月二十七日ノ第二條參看、其間汚穢之事入執柄耳、仍所令仰云々、

十四日、壬午、〇中略、内侍所御神樂、是日、當年不堪佃田荒奏ノコト及ビ東宮ニ於テ、御作文アルコトニカヽル、ソレゾレ本日ノ第一條及ビ本月十三日ノ條ニ收ム、入夜頭辨傳宣云、國正王罪名令大外記文義・明法博士道成勘申、迺宣下了、

十二月

七日、甲辰、〇中略、筑前高田牧、藤原實資家ニ、年貢ノ料物等ヲ進ムルコトニカヽル、本月十日ノ條ニ收ム、

文義豫メ實資ニ罪名勘文ヲ覽ズ、實資疑ヲ發ス

文義勘ジ直セル勘文ヲ實資ニ覽ズ、小難アリ

罪名勘文ヲ奏セシム

大外記文義持來明法博士道成勘申國正王罪名、文義可加署、內々所見、而聊發事疑、尤可然由文義申、但相逢道成左之右之者、件事以被疵之者所申之事爲是之疑也、疵愈之後、究拷之後、可定虛實之事也、任〔信〕服退去、以我所疑之旨不可披露之由、示含了、

十日、丁未、○中略、位記召給ノコトニカヽル、十二月十日ノ條ニ收ム、十三日可催諸卿之由、仰遣大外記文義、○十二月十三日ノ第一條參看、卽參來、隨身國正王罪名勘文、先日所疑之事々尤可然、仍所勘直也者、亦頗有小難、然而不仰左右、可付史之由示仰了、

十二日、己酉、頭辨持來大外記文義・明法博士道成等勘申國正王罪名文、連暑〔署〕、依穢手取不見、○十二月十二日ノ條參看、示可奏之由了、

（頭書）「頭辨歸來云、國正王似有關白恩、內々云、罪名勘文暫置禮者、若被追位許歟者、」

廿五日、壬戌、○中略、

夜闌頭辨持來宣旨三枚、一枚、法家勘申國正王罪名文幷日記等、任勘文可追從五位下幷正六位上（マヽ）、至國正王身可免之、○中略、僧綱申請ノ美服禁制ノコト及ビ下野國司申請ノコトニ就キテ、宣旨ヲ下スコトニカヽル、十二月二十五日ノ第二條ニ收ム、皆依請、余申云、○中略、同上、亦國正王○中略、同上、事等宣下了、但可免國正王事可仰使廳事、可取進國正位〔王脫カ〕記事可仰京職之由、仰下之、國正王事關白所被申行、背正道、彼從者强盜ム丸、疵愈後究拷、了可被定國正王罪者也、

〔小記目録〕十七　臨時七　濫行事付強姧　○京都御所東山御文庫本

(長元五)同年八月廿一日、國正王强姧學政朝臣女事、

同年同月廿二日、國正王令候弓場事、

十六日、甲申、吉田祭、

〔小右記〕○九條家本

(十一月)七日、乙亥、吉田祭使左近「右」(朱書)〃□三菁料絹三疋・手作布三端、・米十石饗料、□令給、

〔日本紀略〕後一條院

十一月

十六日、甲申、吉田祭、

十七日、乙酉、一條北大宮西ニ火アリ、

〔小右記〕○九條家本

十一月

十七日、乙酉、亥剋許〔一〕(マヽ)條〔以カ〕(マヽ)北大宮大路以西小□等五・六宇燒亡、遣隨身信武(身人部)令見、

五六字燒亡

諸國神事及ビ元正料ノ長莚ヲ進納セズ

實資ノ指示奏聞スベシ

藤原實資ノ奉幣

歸來所申也、〇コノ本、蠹蝕ノ箇所多シ、九條家新寫本ヲ以テ補フ、

〔小記目録〕所所燒亡事 〇九條家本

同（長元）五年十一月十七日、一條北大宮西炎上事、

十九日、丁亥、右大臣藤原實資、掃部寮申請ノコトニ就キテ、奏セシム、

〔小右記〕〇九條家本

十一月

十九日、丁亥、〇中略、五節ノコトニカヽル、本月二十一日ノ第二條ニ收ム、入夜頭辨（藤原經任）來云、掃部寮申云、今月神事幷元正料長莚・苫等、國々不勤進納、就中廣長莚信乃國□亦無所進、給宣旨於所進之國々、可令催納者、示可奏聞之由了、不注申文、以詞令申者、〇コノ本、蠹蝕ノ箇所多シ、九條家新寫本ヲ以テ補フ、

二十日、戊子、大原野祭、

〔小右記〕〇九條家本

十一月

廿日、戊子、〇中略、筑前高田牧、藤原實資家ニ、年貢ノ料物等ヲ進ムルコトニカヽル、本月十日ノ條ニ收ム、

奉幣大原野祭、々使將監資經（藤原）、饗料米十石先日給、是府歳末節料也、使仰府令（マヽ）饗料、

祭使藤原資經ニ饗料及ビ舞人下襲料ヲ給フ

實資十列ノ代ニ仁王經ノ寫經講說ヲ行フ

魚鳥解文ヲ以テ料紙ヲ作ル

所々月奏陪膳記

資經申云、儛人下襲今八人料不足者、給絹八疋、

廿九日、丁酉、○中略、賀茂臨時祭ノコトニカカル、本月二十九日ノ條ニ收ム、

大原野祭十列代仁王講、新書寫四部、請五口僧、一日二時講演如常、智照・念賢・忠高・皇慶・妙久、(マヽ)阿闍梨源承講演壽量品、以魚鳥解文作紙書寫、聽聞中納言及四品理義(平)・敦頼(菅野)、□・・五品云々、○コノ本、蠹蝕ノ箇所多シ、九條家新寫本ヲ以テ補フ、

〔日本紀略〕後一條院

十一月

廿日、戊子、大原野祭、

月奏、

〔小右記〕○九條家本

十一月

廿日、戊子、○中略、筑前高田牧、藤原實資家ニ、年貢ノ料物等ヲ進ムルコト及ビ大原野祭ノコトニカヽル、ソレゾレ本月十日ノ條及ビ本日ノ第一條ニ收ム、

出納持來所々月奏幷陪膳□(記カ)、

二十一日、己丑、園・韓神祭、

〔日本紀略〕後一條院

藤原實資同兼頼ノ舞姫ニ桑絲等ヲ送ル
舞姫ハ實資ノ家人定雅女
源頼親ノ進物
源頼信ノ進物
藤原惟憲ノ進物
理髪具借料絹二疋
實資木工寮検校トシテ同寮ヲシテ

十一月

廿一日、己丑、園・韓神祭、

五節、

〔小右記〕○九條家本

十一月

八日、丙子、今明物忌、乍兩日覆推云、輕、仍開門戸、桑絲廿疋・八木廿石遣儛姫許、

舞姫者前長門守定雅女也、

(頭書)「雨、終日不止、」

十一日、己卯、○中略、石見中津原牧、藤原實資家ニ年貢ノ牛ヲ進ムルコトニカヽル、本月十日ノ條ニ收ム、大和守頼親(源)送長絹五疋・紅花卅斤、

十四日、壬午、美濃守頼信(源)志長絹十疋・例絹五十疋・綿廿屯、

十五日、癸未、○中略、内侍所御神樂、是日、當年不堪佃田荒奏ノコトニカヽル、本月十四日ノ條ニ收ム、前大貳(藤原惟憲)以頼隆(清原)眞人、志絹五十疋・蘓芳卅斤、舞姫額借料絹二疋給國司恵子(闕カ)、中將(藤原兼頼)随身四人給絹、各二疋、各衣服、

十八日、丙戌、今明物忌、依有經營不閇門戸、

十九日、丁亥、木工頭擧周(大江)進燈臺七本一本短、・炭櫃二口・俎二枚、依宰相中將(兼頼)五節事所仰

燈臺等ヲ進メシム
藤原經通實資ニ舞姫ノ裝束等ヲ借ル
實資藤原賴成ニ舞姫ノ裝束等ヲ貸與ス
藤原資平病ム
實資小師ニ祿等ヲ給フ
丑日
實資ノ經營ノゴトシ
五節所巽角
藤原賴宗童女ノ裝束ヲ贈ル
舞姫ノ參入
出車
五節ヲ獻ズル人々
實資ノ祈願

也、余(藤原實資)爲彼寮檢校、仍內々所仰也、右衞門督(藤原經通)來、借取舞姫目染□(末カ)濃裳等、今夜□(來カ)儛姫、前長門□(守定)雅朝臣女、次迎小師、先給菓子(マヽ)物、折敷四本、(マヽ)亦給從女等食、次給裳代絹一疋、次令習舞、

廿日、戊子、○中略、筑前高田牧、實資家ニ、年貢ノ料物等ヲ進ムルコト及ビ大原野祭ノコトニカヽル、ソレゾレ本月十日ノ條及ビ同月二十日ノ第一條ニ收ム、儛姫青色青摺唐衣等借因幡守賴成(藤原)、○中略、月奏ノコトニカヽル、本月二十日ノ第二條ニ收ム、中納言(藤原資平)小恙後初來、(マヽ)儛姫返送、小師給例祿三疋・三屯、或記二屯、返遣之、殊給八木五解(斛)、取几帳帷・疊四枚・火桶等、今朝欲執手洗棙、而出納男乞返不給、仍忿怒無極、

廿一日、己丑、宰相中將獻五節、經營如下官(實資)經營、從早朝運遣五節所雜物等、五節所巽角、今日童女裝束仰人々所令調、春宮大夫(藤原賴宗)以爲資(藤原)朝臣被送之、下仕裝束家之所調、臨夜春宮大夫被過、中納言及殿上人等來、羞食、亦舞姫前駈饗令調備、中將侍所、亥時許儛姫令參入、(マヽ)余車、々副著褐冠、出車、春宮大夫・右宰相中將(藤原兼經)・左・右大辨(藤原重尹・源經賴)・中將車、童女・下仕・雜仕、編代、中將・資房(藤原)・資高(藤原)・資賴(藤原)相共參內、女房數、傅八人・童女二人・下仕四人、獻五節人々、因幡守賴成・備後守定良・右衞門督經通・左宰相中將兼賴、

廿二日、庚寅、於西北中央廊奉懸帝釋天、以三口僧念□(賢カ)・智照・忠高、奉令轉讀金剛般若經、一日、

六衛府ノ陣ニ屯食ヲ給フベカラズトノ宣旨

兼頼ノ舞姫病ム

舞姫舞ハザルノ先例

卯日殿上垸飯御物忌

童女御覽

上東門院及ビ東宮童女等ノ装束ヲ贈ル

六位藏人等

去夜儛姫忽煩之由師(中原)重朝臣申、但今朝不承案內者、屯食有不可給六衛府陣之宣旨云々、仍問遣頭辨(藤原經任)、報云、屯食停〔止カ〕(マヽ)宣旨實事也、又云、五節舞姫有(マヽ)之時不參上歟、延喜・天慶間有其例、中將五節舞姫有惱氣云々、若猶不輕者如何、隨身信武(身人部)云、舞姫無殊之由承之、從女房許所示如信武言、

故殿(藤原實頼)御記、

天慶元年十一月廿五日、戊辰、節會如恆云々、余(實頼)爲訪舞姫向彼曹司、親王・公卿・殿上侍臣等多來、余所奉之儛姫、更不儛退出、○天慶元年十一月二十二日ノ條參看、

天曆十年十一月十三日、〔辛〕(マヽ)丑、五節舞姫雖如數參、乍四人不儛、甚有勘當云々、

應和三年十一月廿日、戊辰、云々、五節未出之前東宮(憲平親王)退下、第四儛姫不還、其儛中間居、甚有惱氣、此間入御、○應和三年十一月十八日ノ第二條參看、

廿三日、辛卯、○中略、新嘗祭ノコトニカヽル、本月二十三日ノ條ニ收ム、今日宰相中將殿上垸飯、權大納言(藤原長家)令調備、內御物忌、春宮大夫・中宮權大夫(藤原能信)・權大納言・左衛門督(源師房)籠候御物忌、著殿上飮、依御覽童女・下仕事、春宮大夫及卿相達向宰相中將五節所、令裝束出立、童女裝束女院(上東門院藤原彰子)調給、下仕裝束東宮(敦良親王)、件裝束等太鮮明無比、御使等祿綾褂・袴等、兼遣置五節所、去夜因侍從信家(藤原)語、

藤原信家ノ言ニ依リテ兼頼ノ五節所ニ向ハズ

藤原頼通立腹シテ藏人等ヲ勘責ス

辰日

頼通信家ヲ諷諫シ藏人等ヲ勘當ス

實資舞姫前物代ヲ送ル

舞姫耳早河ニ於テ祓ヲ行フ

朝餉代絹三疋ハ近代ノ鄙陋

五節所ヨリ諸陣ニ給フ屯食ニツキテノ新制

六位藏人等不向中將五節所、藏人實任抱舞姬、兼戒語左衞門尉實綱〔藤原〕・右衞門尉信尹〔藤原〕等、而晦跡、仍示實任□〔令カ〕抱、關白〔藤原頼通〕聞斯事腹立、勘責件六位等、恐懼退出、頭中將隆國〔源〕已丁〔下カ〕雲上人在々者追從童女・下仕等、還似有面目云々、

廿四日、壬辰、今明物忌、不開門戶、依中將五節事也、經季來云、昨日關白呼信家被諷諫、又二人藏人被勘當、罷出了、

中將云、〇中略、新嘗祭ノコトニカヽル、本月二十三日ノ條ニ收ム、今朝云、去夜、親王・上達部過五節所、聊有飮酒、□有芳心歟、

〇中略、豐明節會ノコトニカヽル、本月二十四日ノ第一條ニ收ム、

儛帥〔師〕前事、今朝春宮大夫示送、仍前物代米五石・絹一疋・打〔折カ〕敷料・絹六疋・綿三屯令送、酉剋許中納言來云、有所勞之後今日初參入、胥未尋常者、亥時許五節陪從・童女・下仕等來、

儛姬於耳早河、令陰陽允爲俊〔中原〕行祓、送彼□

近代朝餉送代絹三疋云々、奇事也、鄙陋也、

廿五日、癸巳、從五節所給屯食諸陣之制、新被仰下、但已有其儲、仍密々今日令受取、不可持入陣中之由所戒仰也、於本府可食之由令仰之、中將初獻之度、殊有所思、仍令給

耳、闈司・小哥數外者二人、切々令申、仍令賜各一疋、不可爲例、右衞門督持來前日所借儛姫裝束、

十二月

十九日、丙辰、〇中略、御佛名ノコト及ビ山城愛宕郡ノ八箇郷ヲ賀茂社ニ寄スルニ際シ、供御所ヲ除ク太政官符ニ、御厨子所領小野御厨ヲ漏脱ス、是日、藤原頼通、之ニ就キテ定ムベキコトヲ命ズルコトニカカル、ソレゾレ十二月十九日ノ第一條及ビ同日ノ第二條ニ收ム、美乃守頼信志絹廿疋・絲十絇、〇コノ本、蠹蝕ノ箇所多シ、九條家新寫本ヲ以テ補フ、

〔小記目録〕七 年中行事七 十一月 新嘗會事付五節雜事 〇九條家本

同(長元)五年九月廿二日、可獻五節受領事、賴信事、

〇藤原資平、病ムコト幷ニ御物忌ノコト及ビ十二月十九日、源頼信、藤原實資ニ物ヲ贈ルコト等、便宜合敍ス、新嘗祭ノコト、本月二十三日ノ條ニ、豐明節會ノコト、同月二十四日ノ第一條ニ見ユ、

二十二日、庚寅、鎭魂祭、

〔日本紀略〕後一條院

十一月

御物忌ニ依リテ行幸ナシ

上卿藤原定賴

神祇官ニ於テ行フ

廿二日、庚寅、鎭魂祭、

二十三日、辛卯、新嘗祭、

〔小右記〕○九條家本

十一月

廿三日、辛卯、從去廿日迄今日內御物忌、仍今日無中院行幸、○中略、五節ノコトニカヽル、本月二十一日ノ第二條ニ收ム、

權中納言定賴（藤原）・參議兼賴（藤原）今夜著神祇官、

廿四日、壬辰、○中略、同上、

中將（兼賴）云、去夜自神祇官退出、○コノ本、蠹蝕ノ箇所多シ、九條家新寫本ヲ以テ補フ、

〔日本紀略〕後一條院

十一月

廿三日、辛卯、新嘗會、

○御物忌ノコト、便宜合敍ス、五節ノコト、本月二十一日ノ第二條ニ、豐明節會ノコト、同月二十四日ノ第一條ニ見ユ、

二十四日、壬辰、豐明節會、

藤原實資ノ不參

內辨藤原教通教通ノ失儀

藤原齊信ノ失禮

實資ノ批評

齊信ハ失禮無算ノ人

小忌上卿藤原定賴及ビ參議同兼賴

〔小右記〕○九條家本

十一月

廿四日、壬辰、○中略、五節ノコト及ビ新嘗祭ノコトニカヽル、ソレゾレ本月二十一日ノ第二條及ビ同月二十三日ノ條ニ收ム、

今日依物忌不參節會、先日觸頭辨經任、（藤原）

宰相中將（藤原兼賴）著靑褶參內、秉燭後、

廿五日、癸巳、○中略、五節ノコトニカヽル、本月二十一日ノ第二條ニ收ム、秉燭後、中納言（藤原資平）來云、昨日節會、內辨內大臣（藤原教通）不令召大哥、先例以內堅〔豎〕令喚、亦□〔云カ〕、召御酒勅使左宰相中將（源顯基）云、左乃□〔近カ〕□守乃司乃源朝臣、已違前跡、大佐源朝臣と可召、而大佐兩字無召□、失誤也、又云、五節拜之時大納言齊（藤原）信退下、經櫻樹北邊、須經樹南、他大納言已下經樹南、齊信卿素失禮者也、上官等云、齊信卿經櫻櫻〔衍〕樹北、從左仗後〔進脫カ〕南、賴宗（藤原）卿相從、能信（藤原）卿高聲稱非例之由、賴宗卿退歸、經櫻樹東到立、齊信卿一人從左仗後進南、櫻樹與仗後其細如帶、上達部・上官驚奇無極、齊信卿失禮無算人也、

廿六日、甲午、○中略、藤原教通ノ二男同信基・三男同信長元服ス、仍リテ、信基ヲ從五位上ニ、信長ヲ從五位下ニ敍ス、又、藤原資平ノ二男同資仲、元服スルコト及ビ宇佐使ヲ發遣スルコトニカヽル、ソレゾレ本月二十六日ノ第二條及ビ同日ノ第一條ニ收ム、臨夜頭辨來、談雜事次云、小忌中納言定賴（藤原）・參議兼賴遲參之事有可被

ノ遲參

定頼及ビ兼頼ニ恐懼ヲ命ズ

兼頼ノ勘事ヲ優免ス

問之氣色、頭中將隆(源)國承仰歟者、

廿七日、乙未、○中略、藤原實資、家人幷ニ家司等ニ衣服等ヲ給スルコトニカヽル、十二月二十一日ノ條ニ收ム、

豐明節會小忌上・宰相遲參有可恐申之仰事、頭辨經任奉仰注書狀示送宰相中將・小忌、

中納言定頼・參議兼頼、

十二月

十日、丁未、○中略、位記召給ノコト及ビ國正王、擧政姓闕クノ女ヲ强奸ス、又、同王ノ從者、擧政宅ニ强盜ニ入リテ捕ヘラルヽニ依リテ、同王、其ノ關與ヲ疑ハル、是日、宣旨ヲ下シテ、同王ノ罪名ヲ勘申セシム、尋デ、十二月十四日、宣旨ヲ下シテ、同王ノ位一階ヲ貶スコトニカヽル、ソレゾレ十二月十日ノ第一條及ビ本月十四日ノ第二條ニ收ム、

入夜從內差內竪(豎)召宰相○中將被免勘事、中將(兼頼)以女房所示也、○コノ本、蠹蝕ノ箇所多シ、九條家新寫本ヲ以テ補フ、

〔日本紀略〕後一條院

十一月

廿四日、壬辰、節會、

○五節ノコト、本月二十一日ノ第二條ニ、新嘗祭ノコト、同月二十三日ノ條ニ見ユ、

東宮鎭魂祭、

〔日本紀略〕後一條院

使藤原憲房
上卿藤原齊信
結政請印
香椎廟宣命無シ
香椎廟宣命ノ有無ニツキテノ論
藤原實資上卿ヲ勤ムル例
醍醐天皇御記
實資源經頼ニ意見ヲ求ム

十一月
廿四日、壬辰、〇中略、豐明節會ノコトニカカル、本日ノ第一條ニ收ム、東宮鎭魂祭、
〇東宮鎭魂祭、式日巳日ナレドモ、今、日本紀略ニ據リテ、茲ニ揭書ス、

二十六日、甲午、宇佐使ヲ發遣ス、

〔小右記〕〇九條家本
十一月
廿六日、甲午、〇中略、藤原教通ノ二男同信基・三男同信長元服ス、仍リテ、信基ヲ從五位上ニ、信長ヲ從五位下ニ敍ス、又、藤原資平ノ二男同資仲、元服スルコトニカカル、本日ノ第二條ニ收ム、
今日宇佐使發遣、使丹後守憲房、〇藤原大納言齊信（藤原）何（行カ）之、有結政請印云々、後日聞、無香椎宣命云々、見晦日々記、
廿九日、丁酉、〇中略、賀茂臨時祭ノコト及ビ大原野祭ノコトニカカル、ソレゾレ本月二十九日ノ條及ビ同月二十日ノ第一條ニ收ム、
宇佐宣命二枚、今般無香椎宣命云々、呼大内記孝親（橘）問案内、申云、問行事藏人弁作物所預良明（宇治）、無香椎宮御調度者、仍無宣命云々、先年有承行、有宣命二枚、側所覺也、引見暦、長保五年十二月四日・寛□年十月十三日宇佐宮使事余（藤原實資）承行、皆有香椎廟宣命、亦見延喜御記、有香椎廟御幣、此度無御幣・宣命云々、尤可驚奇、後日、上齊信卿不尋行也、奉爲公家□恐之事也、一兩度示遣右大辨（源經頼）許、是備顧問之人也、亦可達□相府（藤原頼通）歟、

経頼ハ顧問ニ備フル人
卜部兼忠ノ意見
今度香椎廟ニハ御幣アリテ宣命ナシ
御幣ノ色目
實資源經長ニ案内ヲ問フ
實資ノ指示

彼報云、可有御幣也、所尋見、亦問神祇大副兼忠〔卜部〕、申云、參向宇佐已三箇年、毎度別有香椎宣命幷御幣等、綾一疋、絹二尺、一日事有被尋行之樣歟者、

□日尋問、此度依例有御幣、但無宣命云々、十二月六日召兼□〔忠カ〕□〔問カ〕案內、申云、度々參入、皆有宣命幷御幣等、御幣者絹四疋歟者、慥不覺歟、右大辨先日所示綾一疋・絹二尺、是兼忠所申者、事頗相違、然而猶知有御幣・宣命、至御幣色目・數不慥覺歟、尋問今般御幣色目、可記置、

後日、尋問經長〔源〕朝臣云、綾一疋・絹二疋・木綿少々、右大辨注絹二尺、書誤歟、二疋歟、

十二月八日來云、紫綾一疋・絹二疋一丈、不加木綿、先日申誤也者、

十二月

二日、己亥、○中略、藤原頼通、同實資家ノ觸穢ニ依リテ、外記ヲシテ、除目ノ上卿ニ非ズシテ直物ノ上卿ヲ勤ムルノ前例ヲ勘申セシムルコト及ビ法成寺法華八講ノコトニカヽル、ソレゾレ十二月十二日ノ條及ビ同月二日ノ條ニ收ム、

香椎廟宣命事、問左少辨經長、云、宣命事不知案內、彼日上卿齊信、頗有不審氣、大內記孝親相同、但至香椎御幣、依例所司所儲候也、宣命有無可被尋、常事也、今日有便宜者可申關白〔頼通〕者、余答云、民部卿〔藤原齊信〕今日參御堂歟○十二月二日ノ條參看、、先示案內相尋、及漏達如何、若不

實資ノ感想
齊信ノ辨明
清涼記清涼抄ニ就キテノ實資ノ見解
村上天皇御記康保二年例
賴通實資ニ意見ヲ求ム

參入、云合右大辨可進止、入夜中納言(藤原資平)來云、香椎廟宣命事、頭辨(藤原經任)告戶部(齊信)、々々云、問大內記孝親、々々云、只宇佐宮宣命一枚者、仍無香椎廟宣命云々、上卿・內記共如暗夜、嗟哉々々、

三日、庚子、○中略、右近衞府番長ヲ補スルコト及ビ天智天皇國忌ノコトニカヽル、ソレゾレ十二月三日ノ第二條及ビ同日ノ第一條ニ收ム、頭辨來云、○中略、賴通、實資家ノ觸穢ニ依リテ、外記ヲシテ、除目ノ上卿ニ非ズシテ直物ノ上卿ヲ勤ムルノ前例ヲ勘申セシムルコトニカヽル、十二月十二日ノ條ニ收ム、又云、香椎廟宣命事、以經長朝臣被仰遣、隨亦齊信卿召遣大內記孝親、而初稱物忌、後申罷出、件香椎宮宣命事、昨日齊信卿於法成寺相含、謁關白所陳者、後日問孝親朝臣、申云、近代宣命一枚也、無香椎宣命者、見清涼記不注二枚之由者、齊信卿所避太無所據、又清涼抄未一定書也、以彼爲龜鏡、其理不當、只有奏宣命之由、不指枚數、康保二年九月二日邑上御記云、左大將源朝臣(高明)令藏人文(紀)利奏香椎廟文草、令仰云、可令草宇佐宮告文云々、源朝臣令(源)輔成奏宇佐宮幷香椎廟告文草、仰、依案、十五日、此日奉御劒・御幣帛宇佐宮・香椎廟々不奉劒、云々、左大將源朝臣令奏宣命二枚、覽了返給、即授使了、○康保二年九月十五日ノ條參看、關白以經長朝臣被消息云、香椎廟宣命事、民部卿云、問大內記孝親朝臣、申云、香椎宣命者、有可被申事之時有宣命、無事之時無宣命者、仍從孝親申、只奏宇佐宣命者、先年

實資ノ返答
諸社ニ御幣アル時ハ必ズ宣命アリ
宣命ヲ馳遣スベシ
宣命ノ日付
齊信自説ノ證ヲ頼通ニ呈ス
實資ノ批評

承行之時如何、余答云、兩度奉行、彼時無事、乍兩度有二枚宣命、亦詳見康保二年九月二日・十三日御記、又宇佐宮使之時、有香椎宮御幣、此度有御幣、是前例也、諸社御幣之時、必有宣命、何於香椎宮、有奉幣無宣命哉、就中康保御記指掌、孝親朝臣所案極謬、抑有可被祈申者、宣命有辭別、是常事也、未聞有御幣無宣命、至今如取落、關白見給、馳遣如何、可入初發遣宣命日歟、今日國忌、明日齊信卿亡室周忌法事、〇四年十二月二十一日ノ第二條參看、若有延引者難追著歟、又更上卿參內、奏宣命草・淸書等、甚見苦歟、內裏有佛事・穢等之時、上卿於陣外行之由、側所覺、若虛覺歟、亦不奏宣命之樣所覺也、隨宜被行如何、只可在御定、經長云、齊信卿傳覽一兩度宣命、是孝親所進、關白見給、依有疑慮不可見下官者、插著懷中、密々令出見、不可爲澄〔證〕、掩口可咲、經長歸參、此間中納言來會、所陳如愚案、晩頭中納言來云、昨日諸卿參會法成寺故入道大相府（藤原道長）忌日、〇十二月二日ノ條參看、香椎宮宣命事彼是云々、有嘲哢戸部之氣云々、

經數日、文義（小野）云、治安三年、使義通（橘）、上卿權大納言行成（藤原）、大內記忠貞（菅原）、宣命二枚、〇治安三年十一月二十五日ノ第一條參看、萬壽三年、使章任（源）、上卿中納言道方（源）、大內記孝親、〇萬壽三年十月七日ノ條參看、長元二年、上卿權中納言定頼（藤原）、使邦恆（藤原）、大內記孝親、〇二年十一月二十三日ノ條參看、同五年、當年、使憲房、上卿大納

小野文義ノ意見

橘孝親自ラ宣命一枚ニ作リテ先例ト稱ス

追テ香椎廟宣命ヲ遣ス

齊信ノ確執

實資ノ感懷

言齊信、大内記孝親、大外記文義云、治安三年以往宣命二枚、大内記忠貞、萬壽三年以來無香椎宣命、是則孝親始作宣命一枚、以我始作一枚宣命稱前例也者、文義所申相允而已、

四日、辛丑、香椎廟宣命事、以書狀問遣左少辨經長朝臣、報狀云、香椎廟宣命夜部追所遣也、其作法大略如被案仰、其由經長參上可上啓、

五日、壬寅、今明物忌、今日覆推輕、明日重、今日只閇西門、早旦中納言書札云、昨日右大辨云、宇佐宣命事民部卿確執云々、然而關白令書宣命、差小舍人馳遣云々、戶部深有忿氣云々、但戶部云、失錯之由、後代之人必有所注置歟、然而奉爲公家可無便者猶有二枚、又何事之有乎者、彼大辨只今所送書狀端書如之者、其端書云、宣命尙可有一通之由固被執云々、是章任・義通等依有所申云々、兩證足爲龜鏡、邑上御記可破郤者、此事人々解頤云々、左大辨(藤原重尹)昨日掩口咲、孝親ヲモ人々申ナリ、是中納言書也、抑愚者二人先年宇佐使也、以彼申旨不可規模、彼等不慥覺歟、彼時上卿不異此般上卿歟、尋舊規所被行也、不知戶部之恨、定有神明之感歟、

無中納言消息之前、問遣右大辨、報書云、香椎宣命昨日早旦馳遣之由云々、誠甚吉事也、上卿被執之由云々、於他事者、雖有違例之咎、無事恐、於神事、尤有怖畏、猶慥尋先例

香椎廟御幣ノ色目

齊信ノ辨明

可被行也、世間有事之時、諸人蒙愁、甚無益之事也、

八日、乙巳、〇中略、藤原頼宗ノ九條第及ビ法住寺燒亡スルコトニカヽル、十二月八日ノ條ニ收ム、此間左少辨經長來、以中納言令相會、傳言云、香椎廟幣、紫綾一疋・絹二疋一丈、問木綿事、云、不奉、一日申誤也者、民部卿有忿々之由云々、實歟、内々云、加久天毛アリナムヲ被申之人乃無止禮ハナリトソ云ケル、下官(實資)非謗、戸部爲思神事違例也、

十一日、戊申、〇中略、頼通、實資家ノ觸穢ニ依リテ、外記ヲシテ、除目ノ上卿ニ非ズシテ直物ノ上卿ヲ勤ムルノ前例ヲ勘申セシムルコトニカヽル、十二月十二日ノ條ニ收ム、大外記文義來云、依民部卿召參入、被談香椎廟宣命事、彼日再三尋問大内記孝親、申一枚由、代始幷有事之時有二枚者、仍不作香椎宣命、亦密々馳遣事吉事也者、不被尋行事、見文義氣色脣吻、

十六日、癸丑、〇中略、季御讀經ノコト及ビ大神祭使ヲ發遣スルコトニカヽル、十二月十四日ノ條及ビ同月十七日ノ第一條ニ收ム、

文義云、香椎廟宣命、忠貞爲大内記之時、有宇佐幷香椎宣命、孝親任大内記以來、不作香椎宣命、以我失錯稱先例由、不可然歟、子細在三日記、〇コノ本、蠹蝕ノ箇所多シ、九條家新寫本ヲ以テ補フ、

〔日本紀略〕後一條院

十一月

加冠藤原經通
理髮源經長
加冠藤原頼宗同能信
理髮藤原良頼源實基
信基ハ祖父藤原道長ノ戸ニ入ル

廿六日、甲午、發遣宇佐使、

內大臣藤原教通ノ二男同信基及ビ三男同信長元服ス、仍リテ、信基ヲ從五位上ニ、信長ヲ從五位下ニ敍ス、又、權中納言藤原資平ノ二男同資仲、元服ス、

〔小右記〕○九條家本

十一月

廿六日、甲午、中納言(藤原資平)云、參關白(藤原頼通)第、中(申カ)息童(藤原資仲)元服幷爵事、明年敍位可相構者、今日內府(藤原教通)息二人元服、參後(彼カ)御許申不可參事者、□

○中略、宇佐使ヲ發遣スルコト及ビ豐明節會ノコトニカヽル、ソレゾレ本日ノ第一條及ビ本月二十四日ノ第一條ニ收ム、

中納言息童加首服、戌時、加冠右衞門督經通(藤原)、理髮藏人左少辨經長(源)、中納言隨身冠者來、即(衍)即將參關白第、○中略、藤原實資、新造ノ西家ニ、始メテ宿スルコトニカヽル、本日ノ第三條ニ收ム、今日內府二・三郞加元服、大納言頼宗(藤原)・能信(藤原)加冠、左中將良頼(藤原)・同府中將實基(源)理髮、二郞信基(藤原)敍從五位上、依故入道相府(藤原道長)戶、三郞信長(藤原)敍從五位下、追可敍從五位上云々、○コノ本、蠹蝕ノ箇所多シ、九條家新寫本ヲ以テ補フ、

○資仲ヲ從五位下ニ敍スルコト、六年正月七日ノ條ニ見ユ、

反閇ヲ行ハズ
五菓
陰陽師ヲシテ家ヲ鎮メシム
藤原頼通左右馬寮ニ馬ヲ獻ズ

右大臣藤原實資、新造ノ西家ニ、始メテ宿ス、

〔小右記〕○九條家本

十一月

十六日、甲申、小女(藤原實資女)度西宅、余(實資)見西地造作之間、中將(藤原兼頼)來、卽退去、余向西宅相迎小女歸、

廿六日、甲午、○中略、藤原教通ノ二男同信基・三男同信長元服ス、仍リテ、信基ヲ従五位上ニ、信長ヲ従五位下ニ敍ス、又、藤原資平ノ二男同資仲、元服スルコト及ビ宇佐使ヲ發遣スルコトニカヽル、ソレゾレ本日ノ第二條及ビ同日ノ第一條ニ收ム、時剋椎〔推〕移、中納言(藤原資平)來、同車向新造西家、亥時、不反閇、只始宿許也、食五菓、松實・柏・栗・干棗・柘榴、中納言陪膳、小時退、食夕膳、○中略、同上、今夜令陰陽助孝秀朝臣(巨勢)令鎭西地家、今夜可宿始、○コノ本、蠹蝕ノ箇所多シ、九條家新寫本ヲ以テ補フ、

二十九日、丁酉、賀茂臨時祭、

〔小右記〕○九條家本

十一月

廿七日、乙未、○中略、藤原實資、家人幷ニ家司等ニ衣服等ヲ給スルコト及ビ豊明節會ノコトニカヽル、十二月二十一日ノ條及ビ本月二十四日ノ第一條ニ收ム、

昨日、關白相府(藤原頼通)貢馬四疋、各二疋給左・右馬寮云々、

廿八日、丙申、今明物忌、覆推云、今日輕、明日頗輕、今日開東・北兩門、中納言(藤原資平)來、卽

試樂
藤原實資同
兼頼摺袴ヲ
進ム

參裔、
今日臨時祭試樂、依物忌不參之由、示遣頭辨（藤原經任）、明日相同、余（藤原實資）地摺袴、宰（藤原兼頼）相中將相加、差
隨身公行奉藏人所、
廿九日、丁酉、臨時祭、○コノ本、蠹蝕ノ箇所多シ、九條家新寫本ヲ以テ補フ、
〔日本紀略〕後一條院
十一月
廿八日、丙申、賀茂臨時祭試樂、
廿九日、丁酉、臨時祭、

五巻日

諸卿參會ス

十二月 大盡 戊戌朔

二日、己亥、法成寺法華八講、

〔小右記〕○九條家本

十二月

二日、己亥、○中略、藤原頼通、同實資家ノ觸穢ニ依リテ、外記ヲシテ、除目ノ上卿ニ非ズシテ直物ノ上卿ヲ勤ムルノ前例ヲ勘申セシムルコトニカヽル、本月十二日ノ條ニ收ム、中納言(藤原資平)來云、今日故入道太相府(藤原道長)八講五巻日、仍參入、

三日、庚子、○中略、頼通、實資家ノ觸穢ニ依リテ、外記ヲシテ、除目ノ上卿ニ非ズシテ直物ノ上卿ヲ勤ムルノ前例ヲ勘申セシムルコト及ビ宇佐使ヲ發遣スルコトニカヽル、ソレゾレ本月十二日ノ條及ビ十一月二十六日ノ第一條ニ收ム、晩頭中納言來云、昨日諸卿參會法成寺故入道大相府忌日、

○發願ノ日詳ナラズ、姑ク茲ニ掲グ、

三日、庚子、天智天皇國忌、

〔小右記〕○九條家本

十二月

三日、庚子、○中略、右近衞府番長ヲ補スルコトニカヽル、本日ノ第二條ニ收ム、今日國忌(天智天皇)癈務、

府掌惟宗爲武賭射矢數ノ者

覆勘文

右近衞府番長ヲ補ス、

〔小右記〕○九條家本

十二月

三日、庚子、府掌惟宗爲武補番長、賭射矢數者、依頭中將（源隆國）□□申所補、今日國忌（天智天皇）廢務、

○本日ノ第一條參看、七日可書下由、仰府生公忠（下毛野）、

七日、甲辰、右大臣藤原實資、大學寮造作ノコトニ就キテ、宣旨ヲ下ス、

〔小右記〕○九條家本

十二月

七日、甲辰、○中略、筑前高田牧、實資家ニ、年貢ノ料物等ヲ進ムルコト及ビ國正王、擧政姓闕クノ女ヲ强奸ス、又、同王ノ從者、擧政宅ニ强盜ニ入リテ捕ヘラル、ニ依リテ、同王、其ノ關與ヲ疑ハル、是日、宣旨ヲ下シテ、同王ノ罪名ヲ勘申セシム、尋デ、十二月十四日、宣旨ヲ下シテ、同王ノ位一階ヲ貶スコトニカ、ル、ソレゾレ十一月十日ノ條及ビ同月十四日ノ第二條ニ收ム、

入夜中納言（藤原資平）言談、及深更、頭辨（藤原經任）同時來、有宣旨、是大學頭時棟（大江）申寮造作覆勘文、宣下、遣使、

八日、乙巳、權大納言藤原賴宗ノ九條第及ビ法住寺燒亡ス、

〔小右記〕○九條家本

法住寺ニ延燒ス

天災
藤原實資頼宗ヲ見舞フ
九條別業ノ領田人ノ愁多シ

放火

藤原資平頼宗ヲ見舞フ
頼宗ノ嘆息
調度管絃ノ具等ヲ燒失ス

九條御廏

十二月
八日、乙巳、中納言(藤原資平)來、談雜事之間、戌時許南方遙有火、馳遣隨身信武(身人部)、時剋推移、歸
來云、春宮大夫(藤原頼宗)九條家燒亡、其火移法住寺、掃地燒亡之間、風吹不止、火滅之後風止、
可謂天災、差師重(中原)朝臣奉遣堀河院(頼宗)、報云、口惜思給侍、○中略、宇佐使ヲ發遣スルコトニカヽル、十一月二十六日ノ第一條ニ收ム、
今夜法住寺燒亡、若有事故歟、可恐々々、亦九條別業領田多有人愁云々、
九日、丙午、○中略、藤原實資、恪勤ノ隨身ニ桑絲ヲ給スルコト及ビ藤原頼通、實資家ノ觸穢ニ依リテ、外記ヲシテ、除目ノ上卿ニ非ズシテ直物ノ上卿ヲ勤ムルノ前例ヲ勘申セシムルコトニカヽル、ソレゾレ本月二十一日ノ條及ビ同月十二日ノ條ニ收ム、今朝九條事問達堀川院、報云、放火也者、
十日、丁未、○中略、位記召給ノコト及ビ豐明節會ノコトニカヽル、ソレゾレ本月十日ノ條及ビ十一月二十四日ノ第一條ニ收ム、
今朝中納言云、昨日爲訪九條火事詣春宮大夫許、深以嘆息、可用之調度等不取出、皆燒
失者、亦算《管》絃具同燒失歟、

〔日本紀略〕後一條院
十二月
八日、乙巳、九條御廏燒亡、法住寺同燒亡、

〔扶桑略記〕二十八 後一條天皇

十二月八日、九條御廏有火、餘焰延及法住寺、爲灰燼、

〔百練抄〕四後一條天皇

十二月八日、法住寺燒亡、九條御廏同燒亡、

○頼宗、新造九條第ニ移徙スルコト、四年七月二十六日ノ第二條ニ見ユ、

藤原資平ノ不審資平式弁ニ日記ヲ引見ス

十日、丁未、位記召給、

〔小右記〕○九條家本

十二月

十日、丁未、○中略中納言(藤原資平)來、開北門呼入、今日位記召給、有欝々事者、引見式・日記等、小時退去、未剋許可參廳云々、

十一日、戊申、月次祭、

〔日本紀略〕後一條院

十二月

十一日、戊申、月次祭、

十二日、己酉、關白左大臣藤原頼通、右大臣藤原實資家ノ觸穢ニ依リ

實資公卿給等ヲ外記ニ下ス

實資直物ノ日取ニツキテ頼通ニ諮ル

十三日ヲ吉トス

二合停任ヲ式部丞ニ下ス

藤原經通大宰權帥ヲ切望ス

テ、外記ヲシテ、除目ノ上卿ニ非ズシテ直物ノ上卿ヲ勤ムルノ前例ヲ勘申セシム、

〔小右記〕○九條家本

十二月

二日、己亥、公卿給下給大外記文義、(小野)公卿給一通・別紙一枚・二合一枚・停任一枚・賀茂初齊(齋、下同ジ)院行事所申□(大カ)□膳權高(亮)藤原資良、○中略、法成寺法華八講ノコトニカヽル、本月二日ノ條ニ收ム、頭辨(藤原經任)來、示含直物日事、隨關白(藤原頼通)命可一定、

三日、庚子、○中略、右近衞府番長ヲ補スルコト及ビ天智天皇國忌ノコトニカヽル、本月三日ノ第二條及ビ同日ノ第一條ニ收ム、直物、破御物忌不可被參之由可申關白之由、示遣頭辨許了、但十三日可定朝拜侍從・荷前事等○本月十三日ノ第一條參看、彼日可行直物之由令達了、頭辨來云、十三日直物吉事也、

四日、辛丑、○中略、宇佐使ヲ發遣スルコトニカヽル、十一月二十六日ノ第一條ニ收ム、

二合・停任下給式部丞兼安、

六日、癸卯、今日只開東門、右衞門督(藤原經通)來北門外、開門呼入、都督所望殊切、一昨以行親(平)朝臣達關白了、氣色不放埒者、此間多事、先日陳無所望之由、而忽有懇望之詞、不知善惡、可任彼情、答下官(藤原實資)不可口入之由訖、

藤原兼頼ノ侍良任實資第ニ死兒アル由ヲ申ス

實資藤原頼宗ニ觸穢ノコトヲ報ズ

觸穢ノ札ヲ立ツ

穢藤原資平第ニ及ブ

實資觸穢ニ依リテ直物等ニ參入スベカラザル由ヲ頼通ニ報ズ

頼通白河第ニ渡ル

九日、丙午、○中略、藤原實資、恪勤ノ隨身ニ桑絲ヲ給スルコトニカヽル、本月二十一日ノ條ニ收ム、右衞門督入自東門來談都督事、今日面申關白、一日依召參內奏了、天氣甚快、今日關白氣色無左右所見、

十一日、戊申、辰終許爲資朝臣(藤原)云、宰相中將(藤原兼頼)方侍良任申云、今曉死兒置東對巽緣上、乍驚取弃者、中將(兼頼)欲始長齊之間今有此穢、依有事憚不披露也者、仰云、長齊未始、過穢之後自明春被始上計也、但內々不觸傍人、我獨令取弃、未得其意、便以爲資示告大納言(藤原頼宗)、卽報云、至于穢何爲者、令立札了、弃置死童之處、亦令取弃之人事、今問良任(令カ)、申云、以自從者令捨、但其處東院(洞カ)東大路與大炊御門者、差隨身(身人部)信武令實檢其處、□無死骸者、件男大不善者也、若自身觸穢著座、依長齊事作出他穢歟、是男等所申也、所疑可然、此男虛言者云々、師重朝臣(中原)不知此穢、著中納言(藤原資平)家座、仍中納言來□日欲行月次祭事、○本月十一日ノ條參看、既觸穢、召遣外記貞親(中原)可仰之者、呼遣頭辨、小時來、含穢事、抑明後日○中略、元日擬侍從幷ニ荷前定及ビ當年不堪佃田定幷ニ官奏ノコトニカヽル、本月十三日ノ條及ビ同月十七日ノ第二條ニ收ム、可申行直物□、而因穢不可參入、○中略、當年不堪佃田定幷ニ官奏ノコトニカヽル、本月十七日ノ第二條ニ收ム、計之有嘆(嘆)申歟、件等事等內府(藤原教通)可被行也、事之案內可申關白之由示含頭辨、卽參入、不經幾程歸來云、關白閇門、下人云、□稱堅固物忌、實者早亦(旦カ)密行白河第者、須待被歸之時可參入者、○中略、宇佐使ヲ發遣スルコトニカヽル、十一月二十六日ノ第一條ニ收ム、

良任私宅ノ死產ノ穢ヲ實資第ニ及ボシタルコトヲ恐レテ虛僞ノ穢ヲ申ス

實資第ハ丙穢

實資賴通ニ穢ノ案內ヲ示ス

賴通ノ意向丙穢ノ人ハ參內セズ

入夜、頭辨來、傳關白御消息云、今明火事物忌不堅愼、偸閑罷白河、穢事極不便也、歲末之間公事繁多、返々歎申者、明旦有可參入之命、可被示件事等歟、

十二日、己酉、〇中略、國正王、擧政姓闕クノ女ヲ强奸ス、又、同王ノ從者、擧政宅ニ强盜ニ入リテ捕ヘラル、ニ依リテ、同王、其ノ關與ヲ疑ハル、是日、宣旨ヲ下シテ、同王ノ罪名ヲ勘申セシム、尋デ、十二月十四日、宣旨ヲ下シテ、同王ノ位一階ヲ貶スコトニカヽル、十二月十四日ノ第二條ニ收ム、良任所申之穢、其疑多々、仍召爲資朝臣、又々可尋問之由仰之、卽召問之處、所申縱橫、件穢者不實事也、依觸他穢、有禪怖之心、僞申置兒之由、亦所申之穢似無一定、可申大夫(賴宗カ)之由示含訖、中納言來、次宰相中將相會、良任所申不實也、可申實正之由、亦□(可カ)以私詞被令仰知者、彼自申歟、中將退去、小時來云、慥問良任、申云、實正者良任宅有傷胎者、出大路庇令產之間、兒已死、母歸蝸舍、不知案內同座、後參入、恐申無極、仍作他穢所申出、是事之實正者、追卻了、抑良任著座處爲丙、至今追卻良任了、來泉(家)著座之人不可爲穢、欲達案內于關白、頭辨持來勘宣旨一枚、尾張國解、便含穢案內、爲達關白、〇中略、元日擬侍從幷ニ荷前定ノコト及ビ當年不堪佃田定幷ニ官奏ノコトニカヽル、本月十三日ノ第一條及ビ同月十七日ノ第二條ニ收ム、大外記文義・左大史貞行(小槻)參來、〇中略、當年不堪佃田定幷ニ官奏ノコトニカヽル、本月十七日ノ第二條ニ收ム、文義云、非行除目之上行直物之例可勘申之由、關白有仰、而引檢近代之例、已無其例、又々可勘之由有仰、明旦參屬(局)可引勘也、

入夜頭辨來云、穢案內承之、內々云、丙人參內事所聞也、而不聞參入之人者、似不被知

実資觸穢ノ札ヲ取リ棄ツ

村上天皇御記

丙穢ノ人參内ノ例

天暦八年五月

天徳四年六月

應和元年九月

他ノ上卿直物ヲ行フノ例藤原實頼ノ日記ニ見ユ

實資ノ見解

如此事、至今來家著座人不可爲穢、仍令取弃於簡了、藏人左少將經(藤原)季著座、中納言來聞此事等、丙人參内之事邑上御記指掌、仍寫暦、

邑上御記、

天暦八年五月廿一日、左大臣(藤原實頼)令藏人澄(大江)景申、左馬允源顯重、召觸死穢甲人令候彼寮、々々允坂上仲理不知其由、來家著座、然則身爲丙之由、令御〔仰カ〕丙穢人參入無妨、又仰可勘顯重事、大臣令藏人安(藤原)親奏淸書女官除目、覽了下中務省、廿五日未剋、左大臣參上、奏官奏、廿六日、左・右大臣(藤原師輔)參入、有小除目、○天暦八年五月二十日ノ第一條參看、

天徳四年六月廿八日、民部卿藤原朝臣(在衡)令藏人爲光(藤原)申云、身爲丙穢人、仍不能參入行所承之事、令仰無神事之間可參之由、

應和元年九月五日、民部卿藤原朝臣觸穢、爲丙人、然而無神事之日令許參入、

十四日、辛亥、○中略、季御讀經ノコト及ビ右近衞府射場始ノコトニカカル、本月十四日ノ條及ビ同月十三日ノ第二條ニ收ム、大外記文義云、不見直物他上卿被行之事、仍令申其由了者、故殿(藤原實頼)天徳四年十月九日御記云、直物之次有小除目云々、下(實頼)官有所煩、參入無期、仍觸事由於右府(藤原顯忠)所令行也云々、○天徳四年十月九日ノ第一條參看、今案、直物事、主上不可知食事也、行除目之上自由也、暗不可知食直物有無歟、

頼通直物ヲ行ハントスル意アリ
頼通實資ノ勤公ヲ賞ス

藤原實資ノ觸穢

中納言語、入夜頭辨來云、文義令申他上直物不行之由、關白不被示左右、有欲行直物之情歟、其次可被任都督歟、一日被談下官勤公之由、云、老而猶強、勤節心深、雖有勤公之誠、身尩何爲、身亦雖云强建〔健〕、無勤公之志何爲、兩事相兼、甚以欣感者、丙穢人神事日外參內、關白不被知歟、邑上御記書出、今朝遣頭辨許、方人之所知也、明日・明後日竪〔堅〕固物忌云々、過此日有事次可申者、邑上御記注付曆裏、此事爲後々爲他人也、仍面示含又了、
十五日、壬子、今明物忌、開東門、只閇西門、○中略右衞門督來、都督所望甚深、

○頼通、白河第ニ渡ルコト及ビ尾張國申請ノコト、便宜合敍ス、直物ヲ行フノ日、詳ナラズ、京官除目ノコト、十月二十七日ノ條ニ見ユ、

十三日、庚戌、元日擬侍從幷ニ荷前定、

〔小右記〕○九條家本

十二月
十一日、戊申、○中略、藤原頼通、同實資家ノ觸穢ニ依リテ、外記ヲシテ、除目ノ上卿ニ非ズシテ直物ノ上卿ヲ勤ムルノ前例ヲ勘申セシムルコトニカヽル、本月十二日ノ條ニ收ム、呼遣頭辨〔藤原經任〕、小時來、含穢事、○本月十二日ノ條參看、抑明後日可定朝拜擬侍從・荷前○中略、當年不堪佃田定幷ニ官奏ノコトニカヽル、本月十七日ノ第二條ニ收ム、等事、而因穢不可參上、○中略、頼通、實資家ノ觸穢ニ依リテ、外記ヲシテ、除目ノ上卿ニ非ズシテ直物ノ上卿ヲ勤ムルノ前例ヲ勘申セシムルコト及ビ當年不堪佃田定幷ニ官奏ノコトニカヽル、ソレゾレ

実資定ノコト等ニツキテ藤原頼通ニ案内セシム

上卿藤原教通

矢數

本月十二日ノ條及ビ同月十七日ノ第二條ニ收ム、計之有嘆申歟、件等事等内府(藤原教通)可被行也、事之案内可申關白(藤原頼通)之由示含頭辨、

十二日、己酉、○中略、頼通、實資家ノ觸穢ニ依リテ、外記ヲシテ、除目ノ上卿ニ非ズシテ直物ノ上卿ヲ勤ムルノ前例ヲ勘申セシムルコトニカヽル、本月十二日ノ條ニ收ム、明日荷前使○中略、當年不堪佃田定幷ニ官奏ノコトニカヽル、本月十七日ノ第二條ニ收ム、事内大臣(教通)承行之、依一昨申穢事、○本月十二日ノ條參看、

十三日、庚戌、今日内大臣定荷前使○中略、同上、事、余(藤原實資)依穢不參、○本月十二日ノ條參看、仍内大臣承行云々、

○荷前ノコト、本月二十三日ノ第一條ニ見ユ、

右近衛府射場始、

〔小右記〕○九條家本

十二月

十四日、辛亥、○中略、季御讀經ノコトニカヽル、本月十四日ノ條ニ收ム、

射場所進昨矢數、々々高者五、

十四日、辛亥、季御讀經、

〔小右記〕○九條家本

十二月

上卿藤原教通

結願神事ニ依リテ縮行ス

火峰ヨリ起リテ山脚ニ至ル

十四日、辛亥、季御讀經始、內大臣（藤原教通）行、

十六日、癸丑、〇中略

今日季御讀經結願、明日可有結願、而依大神祭使發遣之日、〇本月十七日ノ第一條參看、所被縮行也、

〔日本紀略〕後一條院

十二月

十四日、辛亥、季御讀經始、

十六日、癸丑、同終、

〔小記目錄〕四　季御讀經事付諸宮御讀經〇京都御所東山御文庫本

（長元五年）同十月廿九日、季御讀經事、

十六日、癸丑、駿河富士山噴火ス、

〔日本紀略〕後一條院

長元六年二月

十日、丙午、〇中略、軒廊御トノコト及ビ盜、東宮幷ニ禎子內親王ノ御所ニ入ルコトニカヽルヽ、ソレゾレ六年二月十日ノ條及ビ同年正月二十六日ノ條ニ收ム、又駿河國言上、去年

十二月十六日、富士山火、起自峯至山脚、

○駿河富士山火クコト、長保元年三月七日ノ第一條ニ見ユ、

十七日、甲寅、大神祭使ヲ發遣ス、

〔小右記〕○九條家本

十二月

十六日、癸丑、○中略

今日季御讀經結願、○本月十四日ノ條參看、明日可有結願、而依大神祭使發遣之日、所被縮行也、

〔小右記〕○九條家本

當年不堪佃田定、官奏、

十二月

二日、己亥、○中略、藤原頼通、同實資家ノ觸穢ニ依リテ、外記ヲシテ、除目ノ上卿ニ非ズシテ直物ノ上卿ヲ勤ムルノ前例ヲ勘申セシムルコトニカヽル、本月十二日ノ條ニ收ム、頭辨(藤原經任)來、○中略、同上、御物忌連々、無官奏之隙、亦季御讀經○本月十四日ノ條參看、・御佛名○本月十九日ノ第一條參看、等間、不可有奏、

十一日、戊申、○中略、同上、呼遣頭辨、小時來、含穢事、○本月十二日ノ條參看、抑明後日可定○中略、元日擬侍從幷ニ荷前定ノコトニカヽル、本月十三日ノ第一條ニ收ム、幷不堪等事、而因穢不可參上、

○中略、頼通、實資家ノ觸穢ニ依リテ、外記ヲシテ、除目ノ上卿ニ非ズシテ直物ノ上卿ヲ勤ムルノ前例ヲ勘申セシムルコトニカヽル、本月十二日ノ條ニ收ム、亦不堪奏・國々申請事可入

藤原實資觸穢ニ依リテ不堪定等ヲ行フベカラザル由ヲ同頼通ニ報ズ

實資ノ意見

藤原教通行フベシ

教通第ノ寢殿柱高ク鳴ル巨勢孝秀ノ占ソノ物忌興福寺物忌ニ相合フ

官奏、計之有嗼(嘆)申歟、件等事等内府(藤原教通)可被行也、事之案内可申關白(藤原頼通)之由示含頭辨、

十二日、己酉、○中略、同上、明日○中略、元日擬侍従幷ニ荷前定ノコトニカヽル、本月十三日ノ第一條ニ收ム、幷不堪定事内大臣(教通)承行之、依一昨申穢事、○本月十二日ノ條參看、大外記文義(小野)・左大史貞行(小槻)參來、貞行云、未被仰下可候不堪文等事、

十三日、庚戌、今日内大臣定○中略、同上、幷不堪田事、余(藤原實資)依穢不參、○本月十二日ノ條參看、仍内大臣承行云々、後聞、不定不堪事云々、中納言(藤原資平)語、臨夜出退、

十四日、辛亥、○季御讀經ノコト及ビ右近衞府射場始ノコトニカヽル、ソレゾレ本月十四日ノ條及ビ同月十三日ノ第二條ニ收ム、昨日案内問右大辨(源經頼)、報云、○中略、元日擬侍従幷ニ荷前定ノコトニカヽル、本月十三日ノ第一條ニ收ム、十七日有不堪定、廿五・六兩日可有奏之由云々、

十五日、壬子、○中略、頼通、實資家ノ觸穢ニ依リテ、外記ヲシテ、除目ノ上卿ニ非ズシテ直物ノ上卿ヲ勤ムルノ前例ヲ勘申セシムルコトニカヽル、本月十二日ノ條ニ收ム、中納言來、陰陽助孝秀(巨勢)云、内府可被候官奏之日、勘申來〔十脱カ〕七日、而彼殿寢殿柱高嶋〔鳴カ〕、占云、重可被愼病事、彼物忌當〔十脱カ〕七・八日、亦彼日山階寺物忌相合、就中今年重厄、其愼不輕、破物忌被參入不快之由、人々所申也者、依下官(實資)觸穢、○本月十二日ノ條參看、無不堪田定、隨亦無奏、亦國々減省不候奏、仍關白示内府、被催不堪田定幷官奏事等也、今如孝秀申、官奏等事不定歟、

十六日、癸丑、○中略、季御讀經ノコトニカヽル、本月十四日ノ條ニ收ム、

教通豫メ諸卿ヲ催ス

教通物忌ヲ破リテ參入ス

先ヅ吉書ヲ奏シ次デ不堪定ヲ行フ

教通參入ノ公卿少ナキヲ以テ定ノ是非ヲ頼通ニ諮ル

頼通ノ指示

先年ノ實資ノ例ニ依リテ行フベシ

頼通腫物ヲ煩フ

大外記文義云、今朝内府云、明日有可定申事、可巡告諸卿、是不堪田定也、雖當物忌、依國々營申事、先奏吉書、次々可有奏、關白被催云々、又文義云、内府云、右府（實資）依丙穢不被參、至于丙人無神事之日參入之例也、而宇佐使立後（○十一月二十六日ノ第一條參看）、有御精進、此間雖丙穢人不可參内者、所被定仰最有其理、

十七日、甲寅、中納言語、已及深更出退之後、頭辨來云、今日内大臣始奏吉書奏、次定不堪事、權中納言定頼（藤原）・左兵衞督公成（藤原）・左大辨重尹（藤原）・右大辨經頼參入、内府被聞關白云、上達部參入不幾、定申不堪事如何、報云、先年下官・中納言道方（源）幷下﨟上達部數少定申、道方歷大辨之人也、以後〔彼カ〕爲宗、亦權中納言定頼歷大辨、依道方例被定可宜、仍所被定也、又云、關白五〔十脱カ〕・六日背有贄〔熱カ〕物、醫師申無殊事之由、傳〔傅〕紫金膏、不著、仍傳〔傅〕金英膏、而今日頗增、所寄〔奇カ〕也、又云、一昨日内府今日當二箇物忌、候奏有憚者、關白被答云、至御物忌不可强申、可在御心者、事依無止、破物忌候官奏、定不堪事歟、

官奏儀

〔官奏抄〕（○宮内廳書陵部所藏九條家本）

○中略

長元五年十二月十七日

始メテノ官奏ニツキテノ教通ノ見解
不堪奏ハ不快
教通ノ失儀
官奏上卿教通

一、清涼殿儀

○中略

「始奏不可奏不堪、」○朱書、下同ジ、
同（長元五）年十二月十三日、詣内府、被示之云、始官奏不堪奏不快云々、

同月十七日、依官奏、內府被參入、而經南殿北庇進弓場殿、「非雨儀經南殿北路」是非雨議（儀）如何、

同廿六日、有官奏、內府被參入、余（經頼）申云、可候奏之史等皆有所勞不參、「申史等故障」只今所候之史孝（惟宗）親・、（史）公頼等也、而孝親誠雖不恐申、昨日已有過失、無指仰可難候、爲之如何、被仰云、以孝親可令候者、於腋仰之了、○以上ノ記ハ左經記ナラン、

○藤原頼通、腫物ヲ煩フコト及ビ二十六日、官奏ノコト、便宜合敍ス、當年不堪佃田申文ノコト、九月二十七日ノ第一條ニ、當年不堪佃田荒奏ノコト、十一月十四日ノ第一條ニ、當年不堪佃田和奏ノコト、本月二十五日ノ第一條ニ見ユ、

右近衞府廳舍ニ當タル內裏大垣ノ修築ノコトニ就キテ、尾張・備前兩國司相論ス、

〔小右記〕○九條家本

十二月

垣上四尺許葺カレズ尾張國司ニ理ナシ藤原實資ノ指示

十七日、甲寅、中納言〈藤原資平〉語、〇中略、頭辨〈藤原經任〉來云、〇中略、當年不堪佃田定幷ニ官奏ノコトニカヽル、本日ノ第二條ニ收ム、當右近府大垣、尾張・備前有所論、今四尺許不葺垣上、如聞者尾張國司所申無理、慥令尋問可令葺之由、示仰頭辨了、淸談及亥終、

〇陣定ヲ行ヒ、內裏西面ノ大垣修築ノ諸國ヲ定ムルコト、治安二年四月三日ノ第二條ニ、陣定ヲ行ヒ、內裏大垣ノコト等ヲ定ムルコト、萬壽元年五月三十日ノ條ニ、藤原實資ヲシテ、中隔及ビ中和院ノ垣等修補ノ諸國ヲ定メシムルコト、同三年閏五月八日ノ條ニ、美作國ノ大垣修築ヲ辭セントスルコトニ就キテ定ムルコト、同四年四月二十二日ノ第一條ニ、內裏大垣修築ノ諸國ヲ定ムルコト、長元三年九月二日ノ第一條ニ、藤原中尹、內裏大垣ノ修造ヲ辭シテ、八省院造營ノ材木ヲ進メンコトヲ申請スルコト、四年二月二十四日ノ條ニ、實資、尾張國司申請ノ內裏大垣修築ノコトニ就キテ、宣旨ヲ下スコト、同年九月十四日ノ第二條ニ見ユ、

十八日、乙卯、右大臣藤原實資、栖霞寺ニ於テ、十六羅漢ヲ拜ス、

〔小右記〕〇九條家本

十二月

頼通藤原實資ニ諮ル
小野御廚供御所ヲ除クノ官符ニ入レラレズ

十八日、乙卯、向栖霞寺、奉拜十六羅漢、中納言（藤原資平）・宰相中將（藤原兼頼）・資房（藤原）・資高（藤原）・中納言息（藤原資仲）男未著名、等相從、中納言小男（資仲）乘余（藤原實資）車後、中將・資房・資高同車、黄昏歸、

十九日、丙辰、御佛名、

〔小右記〕○九條家本
十二月
十九日、丙辰、今夜御佛名始、

是ヨリ先、山城愛宕郡ノ八箇郷ヲ賀茂社ニ寄スルニ際シ、供御所ヲ除ク太政官符ニ、御廚子所領小野御廚ヲ漏脱ス、是日、關白左大臣藤原頼通、之ニ就キテ定ムベキコトヲ命ズ、

〔小右記〕○九條家本
十二月
十九日、丙辰、○中略、御佛名ノコトニカカル、本日ノ第一條ニ收ム、
今明物忌、覆推云、今明輕、但明日可禁外食、頭辨（藤原經任）來、傳關白（藤原頼通）御消息云、御廚所領山城國小野御廚田三町餘、件御廚在愛宕郡大原村、被寄郷々於賀茂之日、被除供御所、○寛仁三年七月五日ノ條參看、而此御

社司官物ヲ責メ徴ス
實資ノ返答
御廚ノ格前格後ヲ尋ヌベシ
賴通ノ意向

園一所不入被除供御所之官符、社司責徵官物如切、若追可給免除之官符歟、將可無裁許歟、宜定申者、余(藤原實資)報云、件御廚先可被尋格前・格後歟、亦不載可除置供御所之官符、更亦給官符如何、被奉寄鄕々於上・下御社、公田多在鄕之中、至件御廚作田不幾、殊無所進之物云々、只可在勅定、就中賀茂御社事最有恐怖、見故殿(藤原實賴)御記子細含頭辨訖、廿日、丁巳、頭辨注送云、(○中略、上東門院藤原彰子、同賴通ノ高陽院ヨリ、同惟憲ノ宅ニ遷リ給フ、是日、源師房ヲ正二位ニ敍ス、又、賴通ノ室隆姬女王ヲ從二位ニ敍スルコトニカヽル、本日ノ第三條ニ收ム、)又云、小野御廚事申返事、猶關白有可被停止之氣者、

○賀茂社ニ行幸アラセラレ、山城愛宕郡ヲ同社ニ寄セ給フ、尋デ、河合・片岡・貴布禰ノ三神ノ神階ヲ進ムルコト、寬仁元年十一月二十五日ノ條ニ、陣定ヲ行ヒ、先ニ賀茂社ニ寄セタル山城愛宕郡ノ八箇鄕ヲ、同社上下社ニ分チ充ツベキコトヲ議スルコト、同二年十一月二十五日ノ第二條ニ、先ニ賀茂社ニ寄セタル山城愛宕郡ノ八箇鄕ヲ、上下兩社ニ分チ充ツベキ由ノ太政官符案ヲ作ル、尋デ、同上社々司、同郡賀茂鄕內社領ノ、公領ニ入レル由ヲ愁フルコト、同三年七月五日ノ條ニ見ユ、

上東門院、(藤原彰子)關白左大臣藤原賴通ノ高陽院ヨリ、前大宰大貳藤原惟憲ノ宅ニ遷リ給フ、是日、左衞門督源師房ヲ正二位ニ敍ス、又、賴

通ノ室隆姫女王ヲ従二位ニ敍ス、

〔小右記〕○九條家本

十二月

十九日、丙辰、○中略、御佛名ノコト及ビ山城愛宕郡ノ八箇鄉ヲ賀茂社ニ寄スルニ際シ、供御所ヲ除ク太政官符ニ、御厨子所領小野御厨ヲ漏脱ス、是日、藤原頼通、之ニ就キテ定ムベキコトヲ命ズルコトニカカル、ソレゾレ本日ノ第一條及ビ同日ノ第二條ニ收ム、

今夜、女院（上東門院藤原彰子）從高陽院移給前大貳惟憲（藤原）家云々、

廿日、丁巳、頭辨（藤原經任）注送云、去夜關白（藤原頼通）室家（隆姫女王）敍從二位、左衞門督師房（源）敍正二位、○中略、山城愛宕郡ノ八箇鄉ヲ賀茂社ニ寄スルニ際シ、供御所ヲ除ク太政官符ニ、御厨子所領小野御厨ヲ漏脱ス、是日、頼通、之ニ就キテ定ムベキコトヲ命ズルコトニカヽル、本日ノ第二條ニ收ム、女院月來御坐高陽院、今夜移給前大貳惟憲家、關白獻御贈物等云々、中納言（藤原資平）語、

〔公卿補任〕七

權中納言從二位同（源）師房、廿五、十二月十九日敍正二位、上東門院日來移御賀陽院亭而遷御日賞、

○上東門院彰子御所京極院燒亡ス、仍リテ、火ヲ法成寺ニ避ケ給フ、尋デ、十一日、頼通ノ高陽院ニ遷御アラセラル、コト、四年十二月三日ノ條ニ見ユ、

二十一日、戊午、右大臣藤原實資、隨身ニ節料幷ニ衣服料等ヲ給ス、

恪勤ノ家人ニ衣服等ヲ給ス

家司等ニ絹綿ヲ給ス

恪勤ノ隨身ニ桑絲ヲ給ス

藤原兼頼ノ侍ニ米等ヲ給ス 師タルニ依ル

兼頼ノ隨身等ニ衣服料節料米ヲ給ス

恪勤次第ニ依リテ撰ビ取ラシム

〔小右記〕○九條家本

十一月

廿七日、乙未、早旦歸、(藤原)忠國悟(恪)勤窮者瑩物者也、給合褂一重・綿二屯、忽著件衣、懷綿罷出云々、

十二月

一日、戊戌、去夜□許給(石作)忠時宿禰・(大江)文利絹・綿各二疋・二屯、

九日、丙午、○中略

桑絲二疋給(身人部)信武、恪勤勝輩、仍殊所給也、

十六日、癸丑、○中略、季御讀經ノコト及ビ宇佐使ヲ發遣スルコトニカヽル、ソレゾレ本月十四日ノ條及ビ十一月二十六日ノ第一條ニ收ム、

(藤原兼頼)中將侍造酒佑方賢令給小物等、八木二石・鹽・油等、恪勤之上、爲師者也、

十七日、甲寅、○中略、當年不堪佃田定幷ニ官奏ノコト及ビ右近衛府廳舍ニ當タル内裏大垣ノ修築ノコトニ就キテ、尾張・備前兩國司相論スルコトニカヽル、ソレゾレ本月十七日ノ第二條及ビ同日ノ第三條ニ收ム、

中將隨身四人衣服料今日令給、各三疋・綿一屯・狩袴布・節料米、雜色等手作布五十端・米十斛、車副・牛童手作布、節料米等任例給、

廿一日、戊午、令給隨身衣服・節料等、府生四疋・番長三疋・近衞二疋、節料例數云々、任恪勤次第、令撰取也、

兼頼ノ乳母ニ節料ヲ給ス

實資幷ニ兼頼ノ随身ノ褐衣料ニ封米ヲ充テテ調進セシム

随身等ニ褐衣ヲ給ス

平正通ニ付ス

廿四日、辛酉、米十石遣中將乳母許、是節料也、
廿六日、癸亥、〇中略、縣召除目ノコトニカヽル、六年正月二十九日ノ條ニ收ム、
余(藤原實資)随身八人・宰相中將(兼頼)随身四人褐衣、將監光頼(佐伯)進、件料以封米所充給也、從今年所預奉也、
廿七日、甲子、家随身竝宰相中將随身等給褐衣、冬衣服前日給先了、
〇實資、十一月二十七日・十二月一日、家人幷ニ家司等ニ衣服等ヲ給スルコト、九日、恪勤ノ随身ニ桑絲ヲ給スルコト、十六日、藤原兼頼ノ侍ニ米等ヲ給スルコト、十七日、兼頼ノ随身等ニ衣服料幷ニ節料米ヲ給スルコト、二十四日、兼頼ノ乳母ニ節料ヲ給スルコト及ビ二十六日・二十七日、實資幷ニ兼頼ノ随身等ニ褐衣ヲ給スルコト等、便宜合敍ス、

二十二日、己未、伊豆守行信、姓闕ク、右大臣藤原實資ニ馬ヲ贈ル、

〔小右記〕〇九條家本

十二月

廿二日、己未、入夜内舍人正通(平)從安房國參上、云、伊豆守行信付正通進馬、駮赤、又正通貢

馬、栗毛、秉燭見、令立廏、

○平正通、實資ニ馬ヲ贈ルコト、便宜合敍ス、

二十三日、庚申、荷前、

〔小右記〕○九條家本

十二月

藤原實資私幣ヲ奉ル

廿三日、庚申、今日公家御荷前、余(藤原實資)奉荷前、使(藤原)經孝朝臣、

〔日本紀略〕後一條院

十二月

廿三日、庚申、荷前使、是日也、

○荷前定ノコト、本月十三日ノ第一條ニ見ユ、

關白左大臣藤原頼通、故入道前太政大臣藤原道長ニ代リテ、返状ヲ入宋僧寂照ニ送ル、

〔日本紀略〕後一條院

十二月

但波忠明束帶ヲ著スレバ更ニ發ルベキ由ヲ申ス

廿三日、庚申、○中略、荷前ノコトニカヽル、本日ノ第一條ニ收ム、關白左大臣(藤原頼通)送返狀於入唐圓通大師(寂照)、相代所奉先公(藤原道長)入道禪下之事也、

〔百練抄〕四 後一條天皇

長元五年

今年、關白左大臣送返狀於圓通大師、相代先公相國、令報書之、月日可勘之、

○道長ヘノ寂照ノ書狀到ルコト、詳ナラズ、入宋僧念救歸來シテ、道長ニ寂照等ノ書狀等ヲ齎スコト、長和二年九月十四日ノ條ニ、念救、道長ノ書狀等ヲ携ヘテ、再ビ入宋スルコト、同四年七月十五日ノ第二條ニ見ユ、

關白左大臣藤原頼通、腫物ヲ煩フ、

〔小右記〕○九條家本

十二月

廿三日、庚申、○中略、荷前ノコトニカヽル、本日ノ第一條ニ收ム、(藤原)爲資朝臣云、關白(藤原頼通)幷內府(藤原教通)臨時客儲停止、中納言(藤原資平)來云、關白所被勞、背贄(熱カ)物、雖無殊事、被束帶更發乎、是忠明(但波)宿禰所申云々、或密談也、若依此恙被止臨時客饗歟、或云、未聞臨時客儲停止之由、又被勞事無殊事、

腫物ノ口三分許

頼通元三ノ束帯參內ニツキテ忠明ニ問フ
五日敍位議參入ヲ上計トス

廿五日、壬戌、○中略

夜闌頭辨(藤原經任)○中略、國正王、學政(姓闕)ノ女ヲ强奸ス、又、同王ノ從者、學政宅ニ强盜ニ入リテ捕ヘラル、ルニ依リテ、同王、其ノ關與ヲ疑ハル、是日、宣旨ヲ下シテ、同王ノ罪名ヲ勘申セシム、尋デ、十二月十四日、宣旨ヲ下シテ、同王ノ位一階ヲ貶スコト及ビ藤原實資、故源政職ノ遺財處分ニ就キテ、宣旨ヲ下スコトニカ、ル、ソレゾレ十一月十四日ノ第二條及ビ本月二十九日ノ條ニ收ム、密談云、去夕關白被命云、所勞〔熱カ〕贅物口三分許、其底有白物云々、根未出、元正間不可出仕者、於簾中所被示也、未被出簾外者、

廿九日、丙寅、頭辨○中略、實資、故政職ノ遺財處分ニ就キテ、宣旨ヲ下スコト及ビ大祓幷ニ追儺ノコトニカ、ル、ソレゾレ本月二十九日ノ條及ビ同月三十日ノ條ニ收ム、又云、今日召忠明宿禰被問(頼通)元三日束帯可參內事、申云、所勞給可無事恐、但令參內給左右、只可在御心、又被問云、元三日不束帶、五日敍位議參入如何、申云、上計者、大略不可有臨時客歟、

○頼通、腫物ヲ煩フコト、本月十七日ノ第二條ニ見ユ、頼通家臨時客ノコト、詳ナラズ、

二十五日、壬戌、當年不堪佃田和奏、

〔小右記〕○九條家本

十二月

上卿藤原教通文九枚ヲ加フ
阿波文抑留ノ氣アリ
藤原實資ノ批判

檢交替使代官ノ申請

廿五日、壬戌、○中略、國正王、擧政〔姓闕〕ノ女ヲ强奸ス、又、同王ノ從者、擧政宅ニ强盜ニ入リテ捕ヘラル、ニ依リテ、同王、其ノ關與ヲ疑ハル、是日、宣旨ヲ下シテ、同王ノ罪名ヲ勘申セシム、尋デ、十二月十四日、宣旨ヲ下シテ、同王ノ位一階ヲ貶スコト及ビ僧綱申請ノ美服禁制ノコト幷ニ下野國司申請ノコトニ就キテ、宣旨ヲ下スコトニカヽル、ソレゾレ十一月十四日ノ第二條及ビ本日ノ第二條ニ收ム、頭辨（藤原經任）云、今日内（藤原教通）府被奏不堪奏、加文九枚、明日亦（可）有奏、有抑留阿波文之氣色、依莊事云々、太汚穢也、

○當年不堪佃田申文ノコト、九月二十七日ノ第一條ニ、當年不堪佃田荒奏ノコト、十一月十四日ノ第一條ニ、當年不堪佃田定ノコト、本月十七日ノ第二條ニ見ユ、

僧綱申請ノ美服禁制ノコト及ビ下野國司申請ノコトニ就キテ、宣旨ヲ下ス、

〔小右記〕○九條家本

十二月

廿四日、辛酉、○中略、藤原實資、同兼賴ノ乳母ニ節料ヲ給スルコトニカヽル、本月二十一日ノ條ニ收ム、

左少辨經長（源）持來前長門守定雅申請詔使代官文、使内膳典膳之清・主典内藏屬茂親、卽仰下了、

廿五日、壬戌、○中略

夜闌頭辨（藤原經任）持來宣旨三枚、一枚、○中略、國正王、擧政ノ女ヲ强奸ス、又、同王ノ從者、擧政宅ニ强盜ニ入リテ捕ヘラル、ニ依リテ、同王、其ノ關與ヲ疑ハル、是日、宣旨ヲ下シテ、同王ノ罪名ヲ勘申セシム、尋デ、十二月十四日、宣旨ヲ下シテ、同王ノ位一階ヲ貶スコトニカヽル、十一月十四日ノ第二條ニ收ム、一枚、綱所僧綱皆連署〔署〕申、新被下宣旨、禁制諸寺衆僧恣著用美服・綾

藤原實資ノ意見
糺斷ハ綱所ノ任ニアラズ
檢非違使廳ヲシテ行ハシムベシ

故政職遺財處分ニ就キテノ檢非違使廳均分文ヲ奏セシム

勅裁
定文ニ據リテ分給セシムベシ

羅文、一枚、下野國司申、給官使一人、相共徵納當年官物幷年々負累、皆依請、余(藤原實資)申云、綱所申請狀中、綱所糺斷者、綱所者非糺斷之所、申請之旨理不可然、仰使廳可令糺斷也、令申此由、

○檢長門國交替使ノコト、便宜合敍ス、

二十九日、丙寅、右大臣藤原實資、故源政職ノ遺財處分ニ就キテ、宣旨ヲ下ス、

〔小右記〕○九條家本

十二月

廿五日、壬戌、○中略、國正王、擧政姓闕ク、ノ女ヲ强奸ス、又、同王ノ從者、擧政宅ニ强盜ニ入リテ捕ヘラル、ニ依リテ、同王、其ノ關與ヲ疑ハル、是日、宣旨ヲ下シテ、同王ノ罪名ヲ勘申セシム、尋デ、十二月十四日宣旨ヲ下シテ、同王ノ位一階ヲ貶スコト及ビ僧綱申請ノ美服禁制ノコト幷ニ下野國司申請ノコトニ就キテ、宣旨ヲ下スコトニカヽル、ソレゾレ十一月十四日ノ第二條及ビ本月二十五日ノ第二條ニ收ム、故(源)政職朝臣遺財處分使廳均分文、頭辨(藤原經任)傳進、示可奏之由、

廿九日、丙寅、頭辨下給使廳分文・故政職財物等文、仰云、任定文可分給者、即宣下了、

○源政職卒スルコト、萬壽四年七月三日ノ第二條ニ、故政職ノ財物ニ就キテ法家勘申スルコト、長元々年十一月二十三日ノ條ニ、實資、故政職男女子孫等注進文等ヲ奏セシムルコト、三年六月二十三日ノ第一條ニ、實資、故政職ノ遺財ノ處分ヲ、檢

非違使ヲシテ行ハシムルコトニ就キテ、宣旨ヲ下スコト、四年七月九日ノ條ニ見ユ、

著服ノ者節折奉仕ノ可否
藤原實資ノ見解
藤原頼通ノ命
代官ヲ以テ奉仕セシムベシ
實資ノ解除
御魂ヲ拜ス

三十日、丁卯、大祓、追儺、

〔小右記〕○九條家本

十二月

廿九日、丙寅、頭辨（藤原經任）、○中略、藤原實資、故源政職ノ遺財處分ニ就キテ、宣旨ヲ下スコトニカヽル、本月二十九日ノ條ニ收ム、又云、晦日節折著服、仍問神祇官、申云、月事者奉仕、著服者例慥不覺者、余（藤原實資）云、以代官令奉仕有所事〔見カ〕、關白（藤原頼通）同被命此由者、

卅日、丁卯、○中略、御齋會幷ニ後七日御修法ノコトニカヽル、六年正月八日ノ條ニ收ム、入夜解除、了拜御魂、亥終許追儺、

犬藤原實資家ノ政所屋ニ登ル

晝ニ太白星見ユ

晝ニ月星見ユ

年末雜載

自然、

〔小記目錄〕十六臨時六怪異事○九條家本

同五年(長元)正月十日、興福寺鷺怪事、

同年(長元五)四月十四日、犬、追鼠登政所屋事、

同十五日、犬登屋、可爲怪否事、不可爲怪由、(淸原)賴隆所申也、

〔小記目錄〕○九條家本

同五年(長元)六月十二日、天變事、

同七月(長元五年)四日、太白星晝見事、

〔平戸記〕

延應二年正月

八日、癸酉、天影快晴、○中略今日午刻月見、世以驚奇、日與月其間不遠、月星晝見事先例多存、嘉承月晝見事勘申云、長元五年七月廿六日未刻月星見、

社會、

源隆國ノ女子生マル
源經頼臍緒ヲ切ル
藤原頼宗病ム
瘧病
藤原經通男死去ス
藤原資平腰ヲ病ム
梵照寂ス

〔左經記〕○谷森本

四月

廿四日、甲子、天晴、奉假文、加階○正月六日ノ條參看、之後未出假文、仍注觸產穢之由出之、

廿六日、丙寅、天晴、丑剋頭中將(源隆國)內房(源經頼女)有產氣之由云々、仍馳諸(詣)、及寅剋平生女子、仰信公令成勘文、中將依內令惱虎(瘧)病給○四月二十七日ノ條參看、不穢、余(經頼)觸穢、是兼有觸穢之內、依先人提携、已卯剋余切臍緒、同剋產婦乳付歟、余歸家、

〔小記目錄〕二十　御惱事院宮・臣下　○京都御所東山御文庫本

同(長元)五年四月十二日、頼宗(藤原)卿瘧病、參賀茂、除愈事、

〔小記目錄〕十七　臨時七　捜盗事付盗賊　○京都御所東山御文庫本

同(長元)五年五月三日、群盗入源心律師天台房事、經通(藤原)卿息中矢死去事、

〔小記目錄〕大臣以下物詣事諸社・諸寺　○九條家本

長元五年五月十三日、中納言資平(藤原)、爲祈腰病、登山事、

〔楞嚴院廿五三昧結衆過去帳〕○宮內廳書陵部所藏

梵照阿闍梨長元五年五月十八日命終、生年七十、○梵照ノ事蹟、左ニ便宜合敍ス、

積善寺

慈慧大僧正傳ノ漏落ヲ補ハンタメ拾遺傳ヲ著ス

〔權記〕○宮内廳書陵部所藏伏見宮本

長徳四年十二月

十六日、候内、○中略、除目幷ニ直物及ビ官奏、是日、諸寺ノ別當・阿闍梨等ヲ補スルコトニカヽル、長徳四年十二月十六日ノ條ニ收ム、

又仰云、昨日下給諸寺別當文等定申、○中略、同上、

梵昭爲積善分、

〔慈惠大僧正拾遺傳〕○東寺三密藏所藏

先師（良源）大僧正平日之事、載于傳文、披閲之處、頗有漏落、非彼不知、依省繁也、予（梵照）悲墜地、拾遺而已、長元五年壬申正月、資　梵照私記、

近江國淺井東郡有河、字田河、有橋、號大橋、卿（鄉）人橋南釣魚、和尚（良源）幼稚見之、爰騎馬之客、連駕渡橋、主人橋上還見漁翁、下馬來云、汝何人乎、答、當郡人也、又問、此少兒汝男歟、答、不然、同郡人子也、騎客數拜小兒、謂漁父云、我見小兒異事、驚而所拜也、汝告彼親勿蔑爾、然彼漁父不問異相、愚直之至也、延長七年己丑、﨟二、出仕當山（比叡山）内論義、殊有名譽、以乘惠爲一雙、事了歸房、乘惠到來、陳云、師主喜蓮律師命云、今夜之内渡於西塔、相逢歟（敵、下同ジ）者結師資契、自今以後不可問答、我有所見、汝勿違失者、爲順

教誡、所參入也云々、不知深意、響應淸談、從年少之時、豈非異人乎、爾後多年、遞存芳心、拜座主之後、擧達阿闍梨、○康保三年十二月二十六日ノ第一條參看、讓與內供職、○安和元年三月十一日ノ第一條參看、爲昇進之橋、依十禪師勞、任權律師、○天元四年十月二十二日ノ條參看、同年、運日大德委付小童二人、共有學骨、可爲法器、舍兄（聖救）出家、未遂受戒、彼時度者甚難得也、于時寶幢院別當基增大法師漏聞此由、與年分度者、和尚云、我依憚淺臈未參別當房、而給此度者、可謂殊因（恩）、爲致禮節、付屬弟童（運賀）、大法師還有感氣、暹賀座主權僧正・聖救大僧都、是其二人也、和尚根性聰敏也、學業日夜、論義決擇、世稱絕倫、山王院（圓珍）門徒、於上神宮寺修結緣八講以恆例、智興法師爲執事、持假聽衆請書而來、卽陳云、明後日可修件講、竪義者千觀法師、所立其義、添因明四相違斷簒、必任光臨、欲施面目云々、答云、立者當時龍駒、兼學因明・內明、問者彼此同學其義、而忽然參仕、尤所不堪也、置請書而執事還向、和尚彼夜諳誦斷簒平文二卷了、竟夜屈、比（此カ）日休息、及晩景有消息、雖報不堪之由、誠案本文、無他用意、當日未明、重還（送カ）使者、憖以發向、一結感悅、講演以後、立者著座、所學廣博、文義無滯、和尚所斷・簒短籍二條及四五重、立者不通、耳目猶新、見聞隨喜、學者等云、件本文十餘枚、唯他書廿枚歟、○永觀元年十二月十三日ノ第二條參看、（承平五年乙未、マ臈八、）彼年維摩會講師基增大法師也、○承平七年十月十日ノ條參看、依有其談、

發向興福寺、會勅使左中辨藤在衡云々、講師・威儀僧・學生與南京學生欲令論義、卽以義
照爲和尚一畝、具如傳記、彼時尚書(在衡)、今爲大納言、於粟田山窗、以安和二年、成尚齒會
宴、○安和二年三月十三日ノ條參看、昇進慶賀、和尚云、奉謁大相府(在衡)、以被投賜尚齒會詩、披讀之間、感情
難禁、仍加一絕、謹返上之、老釋某甲(良源)、七賢位會昔希聞、幸見今春尚齒文、南相(南淵年名)尚宗猶不若
ↄ(衍)、日中昇進在於君、暮春(三月)十三日、設成尚會宴、同月廿六日、忽遷右丞相、○同年同月二十五日ノ條參看、舉世感歎、故獻此句、天台座主僧都(良源)、先日過門之次、被
求尚齒會詩、卽以奉之、時更一絕不堪吟翫、仍綴同韻、右大臣藤原某甲(在衡)、倭漢佳遊有舊聞、相尋先
跡恐裁〔載カ〕文、唯慙逢昇進事、以愚庸奉聖君、來章、共七兒〔叟〕尚齒會、及拜丞相之句、仍答謝之、返上尚齒會謝詩之間、感懷
相催、加廿八字、殿下(在衡)恭〔忝カ〕被答和、欲罷重綴文字、山僧某甲(良源)、殊韻百聲擲地聞、耳驚今得掞天
文、維摩室裏逢恩後、四十年來不忘君、余(良源)少日初參維摩會、殿下爲勅使、歸洛奏聞事之
次第、以愚不才、過實被屢奏、彼息〔恩〕之澤、行及於今故云々、已上二行經〔註〕、○余少日以下ヲ指スカ、台山(良源)上首返尚
齒會詩之日、被加一絕之篇章、感歎殊深、聊綴蕪詞、而重賜高和、仍以奉酬、右大臣藤原某甲、賢
公聲價古今聞、卽文殊亦好文、因彼淨名乘行攝、世身都是屈君、本詩有初參維摩之說、出身昇進之詞、仍奉此句、天慶
年中、從本師覺惠律師邊、受學三部大法・諸尊瑜伽・護摩祕法、童稚時在彼室、今爲存舊意也、同八年、於
崇福寺、賀母六十算、書寫六部大乘經、三个日夜修種々善根、講師六人、義昭等也、問者六

人云々、天曆三年、生年三十八、依夢想可愼、欲隱居楞嚴院、抑慈覺（圓仁）大師入滅已後、住持之僧纔兩三人、鎭朝僧都爲其檢校、以延峯補任預職、件法師異例者也、雖有來住人、不許結草菴、其詞云、造作不住者、不可敢承引、爲待紹隆主人、未知此由、聞者怪問、答云、良〔源〕—貴所是也云々、和尚觸緣、懃請入住、延峯拚〔抃〕躍、宿慮云滿焉、當院人法、自此熾盛、初居南谷地、後造定心院、房被蒙示現歟、同年、受三部印信、同八年（マヽ）、前唐院補楞嚴院檢校、鎭朝大僧都任座主〇康保元年三月九日ノ第二條參看、之替、依上藹智淵・喜慶僧都等之推讓、不次補之、同年、奉仕供佛舍利會、別當內心言、若運命及六七十者、將樂重奉修、拜任座主之後、遂往日宿念、具如下記、同年、邑上天皇奉爲母后（藤原穩子）、御筆書寫法花經、御修〔修御〕八講、證誠四人、二人自宗、二人他宗、講師十〔八〕人、一人自宗、和也、九〔七〕人他宗、和也、聽衆廿人、梵音衆廿〔十〕四人、四人頭、錫杖衆廿〔十〕四人、四人頭、〇天曆八年十一月二十七日ノ第二條及ビ同九年正月四日ノ條參看、同九年、結構苗鹿山窗、以爲親母之居家、即賀七十算述懷云々、天曆九年、奉仕六月會講師、釋經問答、耳目是新、世俗美麗、人口自傳、就中、九條（藤原師輔）右大臣家、七个日之間、每日給種々菓子・色々盛物等類、多倍例年、以勸命・圓賀・寬惠・弘延大法師等請稱房大行事、或是講師上藹、然而不敢固辭之、從事辨行之、九條右丞相命和尚、我出家〔之〕□後、欲住首楞嚴院、兼知此意、宜作房舍云〔々脱カ〕、應教採材、草創之間、

殿（師輔）下病惱、隨以出家、不遂登山、天德四年庚申五月四日、薨御、々年五十三、○天德四年五月四日ノ條參看、
哀動〔慟カ〕之甚何如之、依中宮（藤原安子）令旨、安置先師本尊、山イ被出周關修イ法事、號眞言堂、○應和元年五月四日ノ條參看、一家長
者修每年遠忌法事八講幷兩部曼荼羅供、太政大臣謙德公○藤原伊尹・忠義公○藤原兼通・永延大相國○藤原兼家歟大入道殿、・
恆德公○藤原爲光・仁義公○藤原公季、已上兄弟五人、九條殿御息也、當時關白（藤原賴通）左大臣○マ道隆マ相續行之、（藤原道長）後大入道大相國嫡子也、應和年中、爲憐禪愉
大德沈淪、外遊與定心院十禪師、彼狀云、三論・法相獨步之生、是義昭・法藏、四明・
天台一雙之客、卽禪愉・良〔源〕｜、拜座主之日、放宗擧狀、令曆〔歷〕三會講師、遂昇僧都職矣、
○寛和二年十二月二十五日ノ條參看、又康保二年乙丑、和尚五十四才悲母八十算、圖寫佛經、開講供養、延講八十口僧、奉
仕二部音樂、結構數宇雜舍・龍頭鷁首船等、同三年丙寅九月廿六日、悲母長逝、同十月
廿八日夜、定心院十禪師增快住房失火之次、五堂一樓皆成灰燼、○康保三年十月二十八日ノ條參看、遭喪之
間、彌增心勞、同四年丁卯四月中、造法花堂了、奉移普賢菩薩、勤修三昧行法、八月以
前、常行堂造了、勤修恆例不斷念佛、○康保四年三月十一日ノ第二條參看、安和元年戊辰、（マヽ）採講堂材木官職置諸
國、通三寶布施、依請裁許、相次賜國々封戶五百烟造作功、件物內、百烟申充講堂・法
花堂・常行堂・楞嚴院佛供料、百烟返進公家畢、○同上、是依先師遺旨、付法弟子慈忍（尋禪）僧正・
暹賀僧正等、爲次座主所申行也、○寛和元年二月二十七日ノ第二條及ビ正曆元年十二月二十八日ノ條參看、祖師遍照僧正建立元慶寺、

○元慶元年十二月九日ノ條參看、因准延暦寺例、事申〔爲〕置阿闍梨位、先自登其位《クラヒ》之後、去元慶年中、申下寺分阿闍梨宣旨、所謂惟首・最圓・安然等三人也、○元慶八年九月十七日ノ條及ビ仁和三年七月二十七日ノ條參看、于時、擧世稱彼寺阿闍梨四人、若加建立僧正〔遍照〕歟、而無補僧正遷化○寛平二年正月十九日ノ條參看、之替、是依非當寺分也、爾來、只補惟首等三人之闕、抑太政大臣貞信公〔藤原忠平〕草創法性寺、因准元慶寺例、去承平年中、請阿闍梨、初一人、次三人、裁許之後、和尚爲僧正門徒長者、安和元年戊辰、錄狀奏聞、以遲賀大法師加任元慶寺阿闍梨、○安和元年三月十一日ノ第一條參看、自今以後、補四人闕、依人弘法誠哉、此事爲道爲所、可謂殊功焉、同二年己巳、造文殊樓、元立講堂場內、以其甍〔甍〕宇相連、非常可畏、故別古〔占〕勝地所建立也、天祿元年庚午、草創講堂、未葺檜皮之間、以四月廿日、惣持院燒亡、○天祿元年四月二十日ノ條參看、因茲、暫止講堂作事、營作彼院寶塔幷門樓・假居〔屋カ〕、行明年四月恆例舍利會事、不日終功、萬人感歎、○同二年四月二十五日ノ條參看、逐〔遂カ〕了造灌頂堂・眞言堂・四面廊・舞臺・橋等、抑件塔寄作於東一大途、時人爲寄〔奇〕、而故人傳云、是傳敎大師〔最澄〕本懷自然相應也云々、同二年辛未、故右府九條男尋禪闍梨受法灌頂之次、賀六十算、一家兄弟卿相以下登山拜賀、其後放一身阿闍梨解文、奏下宣旨也、○天延元年三月十九日ノ條參看、同年、造花山中院妙業房、覺惠律師房也、同年、葺講常〔堂〕檜皮了、卽安置新造金色丈六大日如來幷觀音・彌勒二菩薩像、彩色文殊・六天像等、又一、同三年二月五日、始行延命院・四王院作事、三月下旬終功、而四月一日、行上五堂會之習禮、次日樂人休日也、同三日開大法會、請僧二百餘口、伶人百五十人、先登導師・呪願、音樂、登唄・散花定座、毎度音樂、大行導〔道カ〕、次供花、菩薩八人・鳥舞童六人・胡蝶童八人・新作舞童十六人、唐、名天人階仙樂、高麗、名仙童供花樂、但件二舞爲樂頭、作留〔笛〕譜者中宮權大夫從四位上源朝臣博雅、〇源博雅ノ事蹟、天元三年九月二十八日ノ條ニ見ユ、作朗詠者從四位上行式部權大〔輔〕夫文章博士菅原朝臣文時、〇菅原文時ノ事蹟、同四年九月八日ノ條ニ見ユ、作朗（衍）詠者從四位上行式部唐舞者右衞門少尉秦良助、作高麗舞者師多好成、方今傳聞南北之歌唄、訪伶人於雅樂、製新古之妙、課比〔此カ〕本マ、童於良家、通出而舞、同音各詠、上卿及請僧脱衣袒舞、事之過差不可勝計歟、供養讚・梵音・錫杖、毎度音樂、次導師表白、事趣如常、公家被修御誦經、兼色衆給度者、勅使藏人頭從四位下右近衞中將兼修理大夫春宮亮源朝臣惟正、法事以後、唐・高麗舞終日各舞、被物同上、中納言兼左衞門督源延光卿・中納言民部卿藤原文範卿・殿上人・地下諸大夫參會隨喜、兼日於佛性院・比叡社行試樂、施入堂莊嚴具・樂器・舞裝束等、造作是例時、雖不可記之、五六年之頃、營作講堂・延命院・四王院・供花〔法〕堂・常行堂・文殊樓幷惣持院、大哉此事矣、〇天祿三年四月三日ノ條參看、同年、始卜西塔本覺房、以之爲本師跡、卽付屬暹賀・聖救兩闍梨〔理仙〕、「天（行間）

(補書)祿四年、謙德公薨逝、師輔公一男、依其御祟、山王有御祭、以祭文被申之狀、在祭文、」○同年十一月一日ノ第二條參看、天延元年癸酉、臨時給度者□五人、源秀・源賢等是也、同三年、改造立慈覺大師法界房、始自彼年、行正月十四日大師供事、○天延三年々末雜載、佛寺ノ條參看、大師遺戒云、留住之人不論親疎、但修理事在我門徒大德耳、同年、造阿闍梨房竝雜舍及寶藏・大衆假屋等、○同上同年、改造横川中堂、奉造等身不動明王像、設於大會奉開眼之、太政大臣忠義公擧濟行件會事、○同年三月二十八日ノ條參看、仍諸卿參會、諸大夫祗候、請僧布施供養、樂人祿物、無不大相國比所、貞元六年、不審元、同大相國關白兼通公也、四蜀(藤原親光)念禪闍梨受法以後、殊致其禮、彼資具中有屛風・几帳、被獻大比叡社頭了、彼阿闍梨一身解文也、○貞元二年十一月八日ノ第二條參看、同二年、爲遂往日宿念、行舍利會事、營作七寶塔二基幷同輿等、新調八部衆將〔裝〕束卌餘襲、堂莊嚴具每色施入、會日以前、於比叡社頭行試樂、爲莊嚴地主三聖、爲利益當國萬民也、○同年三月二十一日ノ第二條參看、次於神樂岳西吉田社北、建立重閣講堂、結構數宇雜舍、行會前習禮、悉如山儀式、是爲不攀登山嶽之女人等、禮拜如來舍利、令結佛因之因緣也、○同年四月二十一日ノ第二條參看、以四月七日山上會、然慈覺大師渡唐歸朝、○承和十四年十月甲午ノ條參看、去貞觀二年、始修此會、蓋爲令一切衆生結淨土因耳、修來一百十八年、亦有色衆・香花之營、而無資具莊嚴之備、永爲助會事、每色施入七大諸寺大會、爲其會頭者、以衣鉢資具爲捧物之備、彼既爲莊嚴法會、今蓋庶幾、三衣什物無悋惜、煙爐雲納、豈有遺留、（在捧物非童百餘人、）色衆三百五十六人、公家給度者、天皇〔圓融〕禁中奉請如來舍利塔、恭敬禮拜、擧世爲希代而已、興福寺故別當仁斆僧都近代道社（マヽ）、知人賢愚無偏頗、往年、維摩會勅使藤尚公、以南北學生令論義之、義照與和尚問答、僧都抽而感歎、和尚□操出名、公私請用、褒譽爲宗、每有事次勸進之、可必逐〔遂〕三會講師、隨諸之僧都、義昭・法藏傳聞此由、共進來云、我等三人次第遂之、不交他人、而義昭早死、（○安和二年正月三日ノ條參看、）法藏未遂、和尚依夢想可愼、永絕萬緣隱居楞嚴院、于時、受法師覺惠律師、放阿闍梨解文、暗奏下宣旨畢、（○天曆八年四月十七日ノ條參看、）尤是慮外、非敢違約、逐〔遂〕拜座主、（○康保三年八月二十七日ノ條參看、）數年之後、發向僧都之嵯峨房、相謁遺弟定照僧都、兼修諷誦焉、同年、和尚依堀川大相國〔兼通〕重病、熾盛光法、修中平複〔復〕、歡喜無比、帝皇降勅、任權僧正、阿闍梨・伴僧幷廿二人給度者、又伴僧中寬傚・圓賀兩阿闍梨任權律師、是異例事也、（○貞元二年十月五日ノ條參看、）同年月日、大相國薨、（○同年十一月八日ノ條參看、）嫡子權大納言兼左近衞大將朝光〔藤原〕卿、奉爲先公草創佛堂、和尚卿〔響〕應、始從明春營作五間四面二棟堂一宇、安置金色六丈〔丈六〕觀音像、如本意於件堂修一周忌法事、（○天元々年十一月一日ノ條參看、）相次奉造丈六大日如來像、其後、爲圓虫〔融〕院法皇御願、奉造等身金色釋迦

梵照良源ノ定心房ニ寄宿シ劒印ヲ結ビテ鬼ヲ退クヲ見ル

如來像一體・彩色地藏菩薩六體、同以安置、號釋迦堂、同大相國御室發造佛造塔願、爲竝堂塔於一場、和尚懐〔壊〕避定心房、以件塔婆建立其跡、不日成功、安置九尊像矣、同年、於近江國淺井郡竹生嶋、書寫法花經一百部、是爲莊嚴辨才天、兼爲報生地之恩、法會已後、請僧乘船、廻嶋散花、同音讚歎、樂人供奉、打一皷焉、（乘龍頭鷁首船、）天元々年戊寅夏、寄宿定心房、有日晩景、和尚作劒印、向外壁〔辟カ〕除前〔翦カ〕、有小僧（梵照）不知其故、卽示曰、從外來一鬼、面色紺青、辟除之、汝見否、答云、不見、其後數年安穩無事、謂之猶可爲雄也、傳敎大師草創當山二百五十餘歲、其間座主代々繼踵、申立御願、致興隆之計、但近江國志賀郡比叡大明神之社者、延暦寺四至也、隨往古已來、無有國郡責、而天元二年、守橘朝臣恆平任中、使左衞門尉平秋〔致イ〕入三津・坂本濫行、非例事、是無指官符之所致也、于時、和尚奏聞事由、天皇驚歎、綸旨急下、且停止致秋之釐務、且免除其臨時雜役焉、（○同二年八月二十八日ノ第一條參看、）爲莊嚴地立三聖御祭事、新造唐崎神殿一宇・鳥居一宇・廻廊二宇・雜舍四宇幷馬場三町針〔釘〕貫等、兼亦營作寶輿一基、（在帳帷・障子・赤綱・賀〔駕〕輿丁將束〔裝〕二十餘具等、）平文唐鞍等三具、異常供奉、又伶人廿餘人、乘龍頭鷁首船、從富津濱至于唐崎、傍輿歌舞各竭妙曲致畢、以後終日奏樂、及晩景還御而已、（○同年四月一日ノ第二條參看、）其後三年奉仕東遊、良家子十人以爲舞人、左近衞將監尾張兼時、

於花山數日習之、祭使一人・舞旁〔童〕十人、裝束・大刀・度〔尻カ〕鞘・鞍皆以新調、陪從十餘人、
初年樂所人、兩年近衞府、同年、造西塔常行堂畢、常勤修不斷念佛、相續造寶塔幷寶幢院兩堂・經藏・
鐘樓、又作釋迦堂・禮堂緣・橋等、○天元二年々末雜載、佛寺ノ條參看、同年、淺井郡大吉山寺修百箇日護摩
法、是依先妣遺誡、遂往日願也、結願之日、供養音樂、退出之次、詣先考墓所、必見聞
之人無不感歎、同年、同郡細江濱造三重閣草堂幷數十宇雜舍、修三箇日大會、中日舍利會、請僧
百餘人、三條大相國（藤原賴忠）賜其布施、伶人數十人、左右大將（朝光・藤原濟時）充祿物、當國・隣國判〔剌〕史參會助
成、見聞集會不知幾千矣、同三年、於同草堂修三个日夜不斷念佛、在共〔供〕經、招其郡中耆老、給
膳・被物而已、同年、造先（前）唐院、又移作根本經藏・寶經〔藏〕、是欲令作中堂・禮堂幷廻廊・
中門、平地最狹少、仍以南岸土爲塡北谷也、○同上卽如念造作畢功、九月盡日修中堂會、
○天元三年九月三日ノ條參看、十月一日行文殊樓會、色衆各二百人、公家給度者、音樂儀式過以往事、大納
言兼春宮大夫（マヽ）藤爲光卿・參議兼修理大夫（マヽ）源惟正卿參登、隨喜莊嚴法會、以次之人不可勝
計、○同年十月一日ノ第二條參看、於花山寺、此二會料、數月之間、令良家子廿餘人練習唐・高麗、右衞門
志秦身貴・左兵衞志大友〔伴〕兼時以爲舞師了、弘法寺・比叡・祇園等、兼日行試樂、同年、造九間四面食堂・七間
二面雜舍、行大師供・內論議〔義〕等、同年（マヽ）、天皇建立圓虫〔融〕院、修御齊〔齋〕會、導師和尚、呪願尋

禪僧正、師資同職出仕御願、時人感歎、爲希代事、〇永觀元年三月二十二日ノ條參看、同年、修〔臨カ〕時給度者廿人、妙源・妙眞等是也、法性寺、是太政大臣貞信公（忠平公）、感度々夢想而興隆、慈覺大師門徒之故、所建立也、所□〔以〕未奏任座主之職之前三个年、灌頂阿闍梨次第請用、賜僧正尊意・少僧都義海・律師覺惠、其後、以阿闍梨内供奉辨日・僧正延昌・大僧都鎭朝〇天慶九年十一月八日ノ條參看、・少僧都喜慶・律師賀靜〇康保二年々末雜載、佛寺ノ條參看、・少僧都遍斆〇同四年三月二十八日ノ第二條參看、・陽生〇天延三年々末雜載、佛寺ノ條參看、・權僧正尋救〔禪〕〇貞元々年九月十六日ノ條參看、・少僧都長勇〇同二年十月二十八日ノ條參看、相續而補任座主職、然則三年灌頂師、九代座主物〔惣〕十二人、都不交他門徒、始自先公〔忠平〕、清愼公〔藤原實賴〕・謙德公・忠義公幷四代所行來也、而第五長者當時太政大臣、諱賴忠、謚廉義公、天元四年辛巳、以智證〔圓珍〕大師門徒權大僧都餘慶奏任座主、〇天元四年十一月二十九日ノ條參看、少僧都長勇死闕〇天元五年是歲ノ第二條參看、之替、爰本門徒僧等悲師跡〔圓仁〕之陵遲、請殊任道理被停止、隨則依請、早下宣旨、以阿闍梨内供奉十禪師正算改補已畢、〇同四年十二月十五日ノ第二條參看、朱雀〔圓融〕皇帝御乳母加〔賀脱カ〕内侍〔源中明女〕者、〇寛和元年三月是月ノ第二條參看、攝津守〔藤原〕隆〔方脱〕朝臣之母也、數月煩病萬術不及、彼夫備後守〔藤原〕棟利朝臣本自歸依、所申丁寧也、故和尚於弘法寺修不動調伏法、修中複〔復〕、□〔欣カ〕感無比、歸洛之後經兩三月、身病更發不受水漿、依彼消息、令送鉢飯、隨食瘡愈、起居已畢、其後有惱氣時、在前申請、以之爲藥、莫不平愈、□〔凡〕山里之間、庶幾之者、其所苦患多以

平愈焉、同年、改作東塔常行堂、以本堂移作八部堂地、又造勅使房・政所屋・湯室等、
同年、依宣□〔旨カ〕造崇福寺、以弟子安直〔眞〕、私任造寺別當、逐〔遂〕依此功拜正別當、任權律師、圓
虫（融）院太子（懷仁親王）、天元三年庚辰、誕生、母右大臣藤原兼家公大殿之第二女也（詮子）、○天元三年六月一日ノ條參看、永觀二
年甲申、爲令修如意輪、女御（詮子）・王子（懷仁親王）共渡坐花山妙業房、和尚房也、伴僧廿口中、以勸命・暹賀兩
阿闍梨爲護摩師、各隨壇懸曼荼羅了、行事僧申中壇料本尊、和尚丨〔云カ〕、在祖師遍照僧正經
藏歟、靜安阿闍〔梨云脫〕本自不坐者、重命云、無止師跡、豈無件像乎、慥可檢知云々、入夜之後、
慭以開藏、廚子上在細〔納カ〕佛箱、長二尺餘、專一開見、所求像歟〔也カ〕、唐本五鋪、靜安以下常住藏司、今始拜
見、恐喜相半、丞（兼家）相・女御敬以奉拜、冥應如開、歡喜無極、修善結願、還宮之後、寵登
倍例、年內讓位於東宮以太子（師貞親王）爲儲君《クン》、○永觀二年八月二十七日ノ第一條及ビ第二條參看、寬和二年丙戌六月、天皇御出家、
○花山天皇寬和二年六月二十三日ノ條參看、皇太子（一條天皇）即位、右丞相爲攝政、○一條天皇寬和二年六月二十三日ノ條參看、凡皇〔太脫カ〕后・儲君・納言・宰
相、非據〔獨カ〕榮術〔マヽ〕在一家、依先年御立願、擬建立一伽藍（惠心院）、○天元二年是歲ノ第一條參看、踐祚之後、早下宣□〔旨カ〕、
裁許五口阿闍梨、○永觀元年十一月二十七日ノ條參看、補□□〔所司〕・定額僧於妙業〔房脫〕、始修御房法花・常行兩三昧、同
以勸〔勤〕修、次草創佛寺、永付先師門徒、今慈德寺是也、供養會、以檢校前律師嚴久補權少僧都、○長保元年八月二十一日ノ條參看、彼
官符中第一條〻〔云カ〕、唐本如意輪靈異掲焉、宜以妙業房爲御願所、安置彼像定三口供養〔僧カ〕、覺

濟信良源ノ主上ノ瘧病ヲ加持シ奉ル壇所ニ不動明王ヲ見ルヲ語ル

惠・暹賀・聖救等三僧都、是其最初供養〔僧カ〕也、〇永延元年三月五日ノ第一條參看、在世之每年、修法花八講、或以義照大德爲八座講師、講師以所持之物〔マヽ〕悉施法花堂僧、相以修四季講、春涅槃經、夏花嚴經、秋□〔法カ〕花經、冬大集經、在每季竪義者五人以下、（良源）入滅已後于今蕃昌、或講又〔冬カ〕〡季法花經、但三十講、修七々日幷一周忌法事、□〔右カ〕丞相稱白衣弟子、被修諷誦、大入道大相國、每年遠忌正月三日爲恆例事、勤修八講、人差捧物・僧供等、行事其人有闕退之時、左相府（藤原道長）〡故殿（兼家）稱白衣弟子、某甲、蓋奉仕乎、仍捧物料絹・紙等奉送之者、後入道大相國、東（詮子）三條院申請度者七十四人、以爲先師之師主、良光・良正等是也、仁和寺僧（濟信）正云、去天元四年、主上（圓融天皇）行（幸）事、〇天元四年二月二十日ノ第一條參看、後有御藥、〇同年三月二十五日及ビ同年七月二十九日ノ條參看、瘧病幷邪氣也、施內外術、不得平愈、時天台座主□□所勞、日來不參、宣旨重疊、□〔相カ〕扶參候、從八月九日始修不動法、第二日瘧病當□〔日カ〕也、此日繼後夜時修日中時、終日加持、既以平複〔復〕、一人感悅、百官稽首、次日初夜時、偸見彼壇所、中央明王形坐禮盤上、不堪感情、明旦參拜、末代希有事、非我眞見矣、〇同年八月十日ノ條參看、三（慶圓）昧座主和尚、當山興隆不如楞嚴和尚（良源）之代、世間出世〔間脫カ〕多有異事、猶非凡人、深以戀慕、去安和二年己巳、建立文殊樓於虛空藏峯、時人奇而今明舊事、更增敬心、昔有一大菩薩、付當山建□〔立カ〕一堂、法師告造畢之由、□〔而〕□□奉禮山上、未到著堂庭、僧以指示方丈、菩薩立留建見、歎云、彼雖勝地、然非我分、彼將來爲他像

觀教夢ニ圓仁ヲ見ルヲ語ル

此ノ傳ハ梵照ノ見聞スル所ナリ

慶命ノ追薦ノ詞

去歟、不遂奉禮、卽以歸從、數代後不知此事、移作彼堂於傍地、以樓造立其跡也、古人遺旨當了、斯時和尚所行、尤是可感乎、觀教大僧都云、橫川不斷念佛、東西塔人必以差〔參〕參〔差〕、觀教有故障、先年闕參仕、結願夜、夢見慈覺〔圓仁〕大師、歡喜無比、不覺涙下、漸見彼身上、有數多人面、胜□間在和尚、毫氂《リモ》無相、驚而問之、有一人云、爲大師分身、受可分生存、今彼面像□〔胜カ〕□〔示カ〕□現云々、夢覺之後、目在有餘涙、明曉參拜謝不□〔付過カ〕□□□所語豈不答耶、我所言者猶如所行云々、資所見聞、略而如此、乃至菩提、深仰引攝矣、

維長元三年庚午九月□〔辛〕戌〔亥〕朔八日戊午、僧正法印大和尚位慶命、謹以香花茶藥之奠、敬供故座主大僧正慈惠大師、々々爲時而生、爲國之師、佛家之棟梁、法侶之賢哲、□〔知〕惠滿於四海、慈悲及于萬邦、釋迦如來重出、慈覺大師再生、欲陳德行、不遑短毫、予〔慶命〕纔遇世々最末、偶知立身之□、初謝有學禮尊、未□〔勸カ〕□在之、誠誰謂虛無之禮、管絃淸□、講論幽玄、願垂影向、必照中懷、但慶命莅衆、雖不逆□當事、不畏受生、月榮悴似夢禍如繩、損盈虛與時偕行、矧乎居顯要而不賢能、遂風志而無才行、少許進善惡、不能懲忿、室至欲假名長吏、遺恨後輩、若非大師之顧眄、何慰少僧之心情、於是、訪師迹於山上、聞是無人徇天運、於人間□知或益設以寂寞□何、大師蓄榮而扶持之、送形而衞護之、嗚呼哀哉、伏惟尚

敬言、厥謂師跡者是經藏也、〇正曆元年二月十四日ノ條參看、其司之中昇綱維者、座主權僧正謚慈忍、座主權僧正暹賀、座主大僧正覺慶、大僧正明豪、座主權僧正明救、座主僧正院源、贈僧正覺運、大僧都聖救・實因・審〔嚴〕久、少僧都源信・覺超、法眼源賢、律師慶譽・靜安・貞惠・安眞、法橋覺空・賴命等是也、又爲孫弟任藏司者、權僧正尋□〔圓〕・尋光、大僧都隆圓、□□〔少僧〕都尋空・懷壽・實誓・如源・敎圓、律師成秀・源心等也、是顯蜜〔密〕之道祖、傳燈之師範而已、

大僧正本傳漏落日記

寫本云、
文曆元年十二月廿八日書寫了、佛眼院藏本也、　執筆源仲
元亨□〔三〕年癸亥八月十三日、於洛陽安養院中御門京極書寫之、此傳記、多年於山洛雖尋求之、空送年月、或仁傳借之、感悅々々、仍不及料紙善惡、且書寫之行也、以後□改之也、　沙門明位
寫本不詳文字□雖多之、任本寫之、以他本可令校合之、同十四日、〇梵照、良源ノ延曆寺根本中堂供養ニ讃衆ト爲ルコト、天元三年九月三日ノ條ニ、楞嚴院二十五三昧根本發起衆ト爲ルコト、寛和二年五月二十三日ノ條ニ、藤原行成ノ世尊寺供養ニ讃衆ト爲ルコト、長保三年二月二十九日ノ條ニ、故東三條院ノ御爲メニ行ハル法華八講ニ於テ、錫杖ヲ勤仕スルコト、同四年十月二十二日ノ條ニ、爲尊親王ノ周忌御法會ニ於テ、堂達ヲ勤仕スルコト、同五年六月十三日ノ第二條ニ、臨時仁王會ノ公請ヲ辭退スルコト、萬壽二年三月八日ノ第一條ニ、藤原長家ノ故藤原道長ノ爲メニ如法經ヲ供養スルニアタリ、供養法ニ就キテノ議ニ預ルコト、長元々年三月七日ノ條ニ見ユ、

源重季卒ス
頓死

世系

従五位上

官歴

帯刀長

〔小記目録〕二十 頓死事 ○京都御所東山御文庫本

(長元)同五年九月四日、大堅(監)物重孝〔季カ〕(源)於中納言(藤原)兼隆家頓死事、○大監物源重季ノ事蹟、左ニ便宜合敍ス、

〔尊卑分脈〕光孝 源氏

忠規 出雲守、従四下、母(イナシ)

重季 大監物、従五上、母(イナシ)

忠季 少監物 母(イナシ)

〔権記〕○宮内庁書陵部所蔵伏見宮本

長保四年三月

廿九日、乙丑、○中略、藤原経通等ニ、東宮ノ殿上ヲ聴スコトニカヽル、長保四年三月十日ノ條ニ收ム、帯刀長季重等也、

〔諸寺供養類記〕一

堂供養記

○中略

長元五年雑載

大監物

率分勾當

齋院次官

保季王出家ス

藤原實資ノ家人

不知記

治安二年七月十四日、壬午、天晴、〇中略、藤原道長、法成寺金堂ヲ供養スルコトニカヽル、治安二年七月十四日ノ條ニ收ム、衆僧前西四人、

大監物源重季、

〔小右記〕〇前田家本

萬壽元年□□〔十月〕

七日、辛酉、〇中略、季御讀經ノコトニカヽル、萬壽元年十月二十六日ノ條ニ收ム、辨傳勅云、以大監物重季可爲率分勾當者、

〔左經記〕〇京都御所東山御文庫本

四年十二月

十九日、壬戌、天晴、〇中略、馨子內親王ヲ賀茂齋院ニト定シ、尋デ、之ヲ賀茂社ニ奉告スルコトニカヽル、長元四年十二月十六日ノ條ニ收ム、被定廿三〔二カ〕日奉幣使被奏云々、〇中略、同上、次官大監源朝臣重季、〇重季、旬ノ御鎰奏ノ作法ニ遺失アルコト、萬壽三年四月一日ノ第一條ニ、藤原賴通賀茂社ニ詣スルニ際シ、競馬ノ馬出勅使ヲ勤ムルコト、長元四年四月二十六日ノ條ニ見ユ、

〔小右記〕〇九條家本

十二月

廿六日、癸亥、〇中略、縣召除目ノコトニカヽル、六年正月二十九日ノ條ニ收ム、去廿四日、縫殿頭保季王到三井寺出家、去廿三日從晝至夜陳雜事、年來家人也、甚憐也、〇縫殿頭保季王ノ事蹟、左ニ便宜合敍ス、

官歴
縫殿頭
小槻仲節卒ス
主税少屬
正六位上

〔小右記〕○前田家本
寛仁三年十二月
廿一日、癸卯、○中略、皇太后、藤原道長ノ二條第ニ渡リ給フコト及ビ直物幷ニ除目ノコトニカカル、ソレゾレ寛仁三年十二月二十日ノ第二條及ビ同月二十一日ノ第一條ニ收ム、縫殿頭保季王、○左經記、正隆王ニ作ル、保季王、右近衞番長ヲ補スルニ際シ、藤原道綱ノ請ヲ藤原實資ニ傳フルコト、寛仁三年十一月三日ノ條ニ、節會ニ參入シ、諸役ニ奉仕スルコト、治安三年正月一日ノ條ニ、京官御給ニ就キテ、小一條院ノ仰ヲ實資ニ傳達スルコト、萬壽四年正月二十七日ノ條ニ、宇治ニ詣ルコト及ビ小一條院ノ御船御遊ニ就キテ、實資ヨリ同院ヘノ諫言ヲ仰含メラル、コト、長元々年十一月十四日ノ條ニ見ユ、

〔系圖纂要〕號外八小槻宿禰姓
清忠
統樹 猶子 實父茂隆(小槻) 竿得業生、康保五年正ノ薨、(死カ)廿五、
仲節 茂隆三子 主税權助、竿准得業生、外從五下、長元五年卒、

〔除目大成抄〕七春京官二連奏
寛弘六秋 主税寮
○中略
少屬正六位上小槻宿禰仲節、○仲節、敍位議ニ於テ、内階ニ敍サルヽヲ、外階ニ改メラルヽコト、長元四年正月五日ノ條ニ見ユ、

朱器ノ造進

節器

〔小右記〕○宮內廳書陵部所藏伏見宮本

正月

□〔十〕二日、甲申、○中略、出雲杵築社ノ託宣ニ改元ノコトアリ、是日、賴通ニ諮リ給フコトニカヽル、正月二十二日ノ條ニ收ム、左少辨經長《(源)》持來中原祐任申請被覆勘造進朱器文、〔依カ〕何進本宣旨、頭辨傳《(藤原經任)》□宣旨已彼辨送之者、示仰可奏之由了、《(藤原實資)》○京都御所東山御文庫本ヲ以テ補フ、

〔小記目錄〕十八臨時八雜部○京都御所東山御文庫本

長元五年正月五日、木工寮節器不進解文事、

〔小右記〕○九條家本

十二月

廿四日、辛酉、○中略、實資、兼賴ノ乳母ニ節料ヲ給スルコト及ビ檢長門國交替使ノコトニカヽル、ソレゾレ十二月二十一日ノ條及ビ同月二十五日ノ第二條ニ收ム、

木工寮進節器、燈臺六本塗、・炭櫃四・俎二、加切板、

〔左經記〕○谷森本

四月

廿三日、癸亥、天晴、○中略、賴通、賀茂社ニ詣スルコトニカヽル、四月二十三日ノ条ニ收ム、或者云、去月依流人等可會赦之事被立伊勢幣使○三月二十九日ノ條參看、之宣命、書黃紙之、宮司等咎非例之由云々、是誠不聞不見之事也、日

成典藤原實資ヲ訪フ

上權大納言長家《藤原》卿云々、

〔小記目録〕公卿著座事付著陣

（長元）同五年六月廿七日、著座日時事、○九條家本

〔小右記〕○宮內廳書陵部所藏伏見宮本

七月大

廿八日、丁酉、○中略、出雲杵築社ノ託宣ニ改元ノコトアリ、是日、賴通ニ諮リ給フコトニカヽル、正月二十二日ノ條ニ收ム、辨持來神祇官解文、

〔小記目録〕十八臨時八赦令事付免者

（長元五）同年十月六日、依豐後守棟隆《藤原》訴、召上權守有道事、○京都御所東山御文庫本

〔小記目録〕十六臨時六異朝事

（長元）同五年十月八日、宋人周文裔等中金少數事、○九條家本

〔小右記〕○宮內廳書陵部所藏伏見宮本

七月大

廿八日、丁酉、○中略、出雲杵築社ノ託宣ニ改元ノコトアリ、是日、賴通ニ諮リ給フコトニカヽル、正月二十二日ノ條ニ收ム、成典僧都來、聊有所勞、不相逢、

元命實資ヲ訪フ

良圓深覺等實資ヲ訪フ

深覺染殿ノ古事ヲ語ル

賴宗實資ヲ訪フ

經通實資ヲ訪フ

實資深覺ニ絲布等ヲ贈ル

八月

廿八日、丁卯、法服(眼)元命來、不相遇、

〔小右記〕○九條家本

(十一月)十一日、己卯、○中略、石見中津原牧、實資家ニ、年貢ノ牛ヲ進ムルコトニカヽル、十一月十日ノ條ニ收ム、律師(良圓)來、前大僧正深覺被立過、清談、被隨身法橋覺空、僧正曰、喉渇可勸酒、忽營酒肴、僧正先被向小女(實資女)許、被□□(護身カ)、宰(藤原兼賴)相中將相倶歸坐、先居肴物、塗高坏二本、下官(實資)前相同、法橋幷中將一本、兩度勸酒、被談染殿古事、亦有和哥談等、良久談話後被退歸、余於地下相揖、僧正被過之事以書謝、臨夜春宮大夫(賴宗)被立寄、清談之程時剋多移、

〔小右記〕○九條家本

十二月

廿八日、乙丑、右衞門督(經通)來、良久語退、中納言(資平)來、宰相中將(兼賴)次來、相共清談及夜漏、

〔小右記〕○九條家本

十二月

廿七日、甲子、○中略、實資、實資幷ニ兼賴ノ隨身等ニ褐衣ヲ給スルコトニカヽル、十二月二十一日ノ條ニ收ム、桑絲二疋奉禪林寺前大僧正(深覺)、是歲暮

實資資平宅ヲ見ル

恆例事也、或奉手作布、是御弟子一人衣服料也、

〔小記目錄〕十六 臨時六 夢想事 ○九條家本

長元五年二月十二日、疫神定疫癘夢事、

(長元)同五年三月十六日、外記成經夢想事、

(長元五)同年五月七日、夢想事、

(長元五年五月)同十七日、夢想事、

〔小右記〕○九條家本

十二月

廿四日、辛酉、○中略、實資、兼頼ノ乳母ニ節料ヲ給スルコト及ビ檢長門國交替使ノコトニカヽル、ソレゾレ十二月二十一日ノ條及ビ同月二十五日ノ第二條ニ收ム、

(資平)中納言幷息男相共向西家、○十一月二十六日ノ第三條參看、乘昏歸、

廿七日、甲子、○中略、實資、實資幷ニ兼頼ノ隨身等ニ褐衣ヲ給スルコトニカヽル、十二月二十一日ノ條ニ收ム、

中納言同車、見彼所領宅、二條北、富小道西、

〔左經記〕○谷森本

四月

十二日、壬子、天陰、降雨、主計頭頼隆(清原)眞人來、向語次云、卯・酉日不立子・午妻屋、古賢重所禁副(制イ)也、又鎭星直日不可犯土、造作犯之時、過及子孫之、而去朔三日鎭星直日也、而民部卿(藤原齊信)近衞御門家被立西臺、又丹波守濟政(源)三條宅立□臺、播磨守資業(藤原)大炊御門宅立東臺、共是犯禁忌也、又去三月十一日壬午、是五貧日天刑日也、此日出行犯末法蒙罪云々、近則伊賀守光清(源)以件日始起(赴イ)任、經二个年犯王法、能伊(流カ)豈(豆カ)、○三年十二月二十九日ノ條參看、古賢誡可愼可恐云々、○流布本ヲ以テ校ス、

〔小記目錄〕闘亂事付刃傷・闘殺・謀殺・罪科 ○京都御所東山御文庫本

同年(長元五)同月(正)八日、別當火長隨身打損看督長頭事、

〔小記目錄〕十七 臨時七 闘亂事付刃傷・闘殺・謀殺・罪科 ○京都御所東山御文庫本

同年(長元五)同月(二)十七日、民部史生光則、爲其姓石武、以刀被打事、

藤原頼通第ニ落書アリ

〔小記目錄〕落書事 ○九條家本

同(長元)五年二月廿七日、落書關白(頼通)家事、

京中殺害人連々

〔小記目錄〕十七 臨時七 闘亂事付刃傷・闘殺・謀殺・罪科 ○京都御所東山御文庫本

同年(長元五)六月廿日、近日京中殺害人連々不斷事、

群盗ノ矢頼通第ニ入ル

〔小記目録〕十七 臨時七 捜盗事付盗賊 ○京都御所東山御文庫本

(長元五)同年七月十六日、帯刀爲經(大中臣カ)竊盗犯事、

(長元五)同年十月一日、去夜群盗亂入近邊小宅之間、射入矢關白堀川第事、

小一條院ノ人供御網代守ヲ打擲ス

〔小記目録〕十七 臨時七 闘亂事付刃傷・闘殺・謀殺・罪科 ○京都御所東山御文庫本

(長元五)同年十月廿二日、小一條院(敦明)人爲頼朝臣打調供御網代守事、

〔小記目録〕十七 臨時七 濫行事付強姧 ○京都御所東山御文庫本

(長元五)同年十月廿三日、東宮(敦良親王)帯刀等懸戻同帯刀守任事、

河内若江田所請文

經濟、

〔延喜式〕巻第三十紙背 ○東京國立博物館所藏九條家本

若江御田所

　請條々雜事

一、御田結解事

右、隨身合文結解、過來五日參上而已、件五日に候近親人殖松宮馬頭代仕、經營所打

　續候へく候、

一、召細美布事
右、兼仰事以前、雖催仰、去年進故内膳正最美二端、返抄不下給之由申□□、□□〔雖カ〕、
更不辨申侍て候、猶有經可進者、隨求得隨身可參上侍候へく候、以はし布立用之後交
易進之由、諸田堵等注申也、
一、粽事
右、兼仰以前可進上、是依老親所煩遲、同隨□〔身カ〕參上而已、
以前注子細言上如件、以解、
長元五ー〔年〕五月一日　武藏守藤有經
〔延喜式〕卷第三十紙背 ○東京國立博物館所藏九條家本
進上
干鯛拾隻
鹽壹斛五斗前分、五斗爲志進、
右件等所進上如件、
長元五年八月九日　左史生秦

石清水八幡宮寺紀伊出立荘内二十町餘ヲ免ゼラル

永承三年紀伊國名草郡郡許院收納

〔石清水文書〕杉二太政官符宮寺所々庄園參拾肆箇處事

太政官牒石清水八幡宮護國寺

宮寺所所庄園參拾肆箇處事

一、應如舊領掌庄貳拾壹箇處事

○中略

紀伊國陸箇處

○中略

壹處　字出立庄　牟婁郡

右同符○延久四年九月五日太政官符偁、同勘奏○記錄莊園券契所延久三年五月二十八日勘奏偁、件庄每年修正月十四日僧供之内第二日僧供所勤仕也者、勘所進文書、○中略又、長元五年、依御寺申請、免除荒熟并貳拾町餘者、○中略

以前庄園如件、國宜承知、依宣行之者、宮寺承知、牒到准狀、故牒、

延久四年九月五日　○署所略ス、

〔延喜式〕卷第八紙背○東京國立博物館所藏九條家本

○前闕ク、

一枚長一丈九尺　弘二尺二寸（朱書、下同ジ）「直リ八束」「直リ七束」　厚二寸

〔閏〕壬（永承三年）正月四日納一物　直稲「十束」　紀時弘

○中略

長元五年十束

内近□高堪八｜（束、下同ジ）　□□（虹法カ）□　二｜

同四年三百四束三巴（把、下同ジ）六分

吉乃近依米二斗　稲十｜□　□四合

稲七十八｜　紀吉永卅七｜　□（紀カ）□｜二巴

忌部吉丸米二斗六升一合　稲五｜七巴　紀助遠米六斗六升

□｜八巴　永弘村三｜五巴　三寶村四｜　岡前二｜四巴

□｜　紀助延二｜　同助遠廿五｜　用永五｜二巴

□木五巴四分

紀秋丸廿八｜　正員八｜　紀常松三｜　紀時成五｜八巴

米帳

西塔院主

祝末常米九升 ［　］

○下
略

宗教、

〔高野春秋〕四

（長元五年）
三月日、佐藤兒薙染、定譽祈親上人説戒導師也、教育于東室、家傳失其字、一聞十知之器質、終興當山之人法也、

〔法家相承次第〕西塔院主次第

良元阿闍梨〔光〕

長元五年七月廿八日任、○法中補任所收寶幢院檢校次第ヲ以テ校ス、

〔華頂要略〕百四十五 本覺院 諸門跡傳六

良光律師 法住寺太政大臣爲光（藤原）公息、尋光僧正弟子、

長元五年七月八〔廿脱カ〕日、補西塔院主、

〔興福寺三綱補任〕

別當法印大僧都扶公

○中
略

長元五年八月

權上座清元 始任、

五人例始之、

興福寺權上座

東寺灌頂會讚衆廻請

〔教王護國寺文書〕 ○京都大學總合博物館所藏

東寺

請定例灌頂會讚衆事

禪林寺「奉」（別筆、下同ジ）　醍醐寺「奉」　貞觀寺「奉」

勸修寺「奉」　金剛峯寺　圓成寺「奉」

神護寺　圓堂院　遍照寺

快圓大德「奉」　賴明、、（大德、下同ジ）　平元、、

玄緣、、　慶胤、、　光玄、、

成圓、、「奉」　祥圓、、　公緣、、

平胤、、　安圓、、「奉」　定俊、、

延禪、、　眞仁、、

右灌頂會、以今月十二日、可奉修者、仍請定如件、

長元五年十月八日

都維那

別當前大僧正

權都維那

權大僧都（自署）「□□」

權大僧都

權少僧都

上　座

權　上　座

寺　主

權　寺　主

〔三井續燈記〕六　十月會

（長元）五年

立者圓高、所立三周、菩薩、八得一未判、一略、

博士明尊、　註記經覺

園城寺十月會

清瀧宮季御讀經執事

筑前安樂寺内喜多院建立

藤原惟憲園城寺内ニ堂ヲ建立ス

問者十人、

實源　行昭　道緣　賴尊　智圓　珍昭　良秀　平範　靜延　覺禪

〔慶延記〕一上醍醐雜事記二

一、清瀧宮季御讀經執事頭帳

○中略

同（長元）五年壬申、春　明禪　秋十一月九日、賴昭阿闍梨

〔安樂寺草創日記〕

喜多院四寺戊亥角、釋迦・多寶・普賢・文殊、今彌勒菩薩、後一條院御願、

長元五年壬申建立、寄進小中庄・大肥庄等、

堂僧六人、三昧六人、

〔小記目錄〕十佛寺下　諸寺供養事付諸家塔堂○九條家本

同（長元）五年□□（廿カ）六日、前大貳惟憲（藤原）供養三井寺内堂事、

〔日本紀略〕後一條院

三月

藤原實資小字千部法華經ヲ供養ス

實資保内仁王講ニ米ヲ給ス

實資家季修善始季聖天供

實資家大般若經讀經

廿六日、丁酉、右大臣（藤原實資）家供養千部法華經、

〔小記目録〕十 佛事下 法會事公家・諸家・諸寺・神社 ○九條家本

（長元）同五年三月廿六日、奉供養小字千部法花經事、

〔小右記〕○九條家本

（十一月）十三日、辛巳、○中略、國正王、擧政姓闕クノ女ヲ强姧ス、又、同王ノ從者、擧政宅ニ强盜ニ入リテ捕ヘラル、ニ依リテ、同王、其ノ關與ヲ疑ハル、是日、宣旨ヲ下シテ、同王ノ罪名ヲ勘申セシム、尋デ、十二月十四日、宣旨ヲ下シテ、同王ノ位一階ヲ貶スコトニカヽル、十一月十四日ノ第二條ニ收ム、當保刀禰令申云、明日保内可行仁王講者、可給斛米之由仰（中原）師重朝臣、

十二月

三日、庚子、○中略、右近衞府番長ヲ補スルコト及ビ天智天皇國忌ノコトニカヽル、ソレゾレ十二月三日ノ第二條及ビ同日ノ第一條ニ收ム、當季修善始、不動調伏法、阿闍梨内供良海、伴僧四口、當季聖天供始、

十日、丁未、修法結願、於渡殿受後加持、例布施外加絹三疋、

十四日、辛亥、○中略、季御讀經ノコト及ビ右近衞府射場始ノコトニカヽル、ソレゾレ十二月十四日ノ條及同月十三日ノ第二條ニ收ム、大般若讀經始、於天台以二口僧轉讀、云屬律師於家可奉令讀、而穢間有憚、仍以不穢物忌〔爲カ〕供料之、

卅日、丁卯、東北院大般若讀經始、自正月朔日轉讀之例也、而依坎日從今日轉讀、又例

實資保ノ火祭ニ雜布ヲ給ス

實資護身ヲ受ク

實資ノ諷誦

藤原齊敏室忌日

也、
（頭書）「以念賢奉講分別功德品、布施三疋、」

〔小右記〕○九條家本

十二月

六日、癸卯、○中略、藤原賴通、同實資家ノ觸穢ニ依リテ、外記ヲシテ、除目ノ上卿ニ非ズシテ直物ノ上卿ヲ勤ムルノ前例ヲ勘申セシムルコトニカヽル、十二月十二日ノ條ニ收ム、當保刀禰令申火祭料、隨彼申令給雜布、

九日、丙午、○中略、實資、恪勤ノ隨身ニ桑絲ヲ給スルコト及ビ藤原賴宗ノ九條第幷ニ法住寺燒亡スルコトニカヽル、ソレゾレ十二月二十一日ノ條及ビ同月八日ノ條ニ收ム、（良圓）律師來、受護身、

十五日、壬子、今明物忌、開東門、只閇西門、修諷誦六角堂、

十六日、癸丑、修諷誦六角堂、依物忌、

廿五日、壬戌、今明物忌、覆推云、乍兩日輕者、仍開門、修諷誦六角堂、

廿六日、癸亥、修諷清水、

〔小右記〕○九條家本

（十一月）
十三日、辛巳、（藤原齊敏室）先妣忌日、修諷誦道澄寺、以念賢師令齊（齋）食、身代、僧前不調備、以精料令

空也ノ金鼓

實資定朝ヲシテ阿彌陀佛等ヲ造ラシム

分引、讀經僧供養法華經・心經、講師念賢、施袈裟、

〔小右記〕○宮内廳書陵部所藏伏見宮本

七月大

廿八日、丁酉、○中略、出雲杵築社ノ託宣ニ改元ノコトアリ、是日、賴通ニ諮リ給フコト及ビ實資、尾張國大粮官符ノ違失ニ就キテ、指示スルコトニカヽル、ソレゾレ正月二十二日ノ條及ビ七月二十八日ノ條ニ收ム、鐵卅廷〔挺〕奉禪林寺前大僧正〔深覺〕、爲令充功德料、御返事云、近日令求物也、隨喜無極者、鐵百廷〔挺〕與律師、爲令充房造作料、

〔小記目錄〕十六 臨時六 聖人事 ○九條家本

同〔長元〕五年九月五日、以空也聖金鼓與新阿彌□〔陀カ〕聖事、

〔小右記〕○九條家本

十二月

三日、庚子、○中略、右近衞府番長ヲ補スルコト及ビ宇佐使ヲ發遣スルコトニカヽル、ソレゾレ十二月三日ノ條及ビ十一月二十六日ノ第一條ニ收ム、

法橋定朝奉請阿彌陀佛・觀音・不動尊、爲□〔後カ〕世菩提奉造尊像也、祿定朝鈍色綾褂一重、相副小佛師三人疋絹、

廿四日、辛酉、○中略、實資、藤原兼賴ノ乳母ニ節料ヲ給スルコト及ビ檢長門國交替使ノコトニカヽル、ソレゾレ十二月二十一日ノ條及ビ同月二十五日ノ第二條ニ收ム、

實資法音寺近邊ノ無緣僧等ニ施行ス

九十餘人

源經頼法會ニ詣ス

實資ノ河臨祓

差隨身信武(身人部)遣米一石五斗于法音寺法眞師許、五斗者法眞料、一石者可施與近邊寺幷北山無緣僧等之由、示遣法眞師、法眞者數年寺籠者也、入夜信武來云、法眞於吉水云寺沐浴、尋到示案內、吉水聖幷法眞相勸令沐浴了、法眞師相共歸本寺、羞食、注取近邊寺々僧・尼・如童等九十餘人、卽施與、法眞喜悅尤甚者、

〔左經記〕○谷森本

二月

十五日、丙辰、天晴、○中略、政ノコト及ビ賀茂齋院馨子内親王、初齋院ニ入御アラセラル、コトニカ、ル、ソレゾレ二月十五日ノ第一條及ビ四月二十五日ノ條ニ收ム、參御堂御念佛、及晩歸私、

五月

十五日、乙酉、天晴、午剋參御堂、々々預云、依卅講事、○五月十二日ノ條參看、早旦被行例時等了者、

六月

八日、丁未、天晴、參御堂、例講了歸宅、

〔小右記〕○九條家本

(十一月)十一日、己卯、以陰陽屬(清科)行國行河臨祓、令持衣遣使、○中略、石見中津原牧、實資家ニ、年貢ノ牛ヲ進ムルコト及ビ五節ノコトニカ、ル、ソレゾレ十一月十日ノ條及ビ同

實資小女及ビ藤原兼頼ノ河臨祓

月二十一日ノ第二條ニ收ム、

以恆盛(中原)爲小女(實資女)行河臨祓、使爲俊爲宰相中(藤原兼頼)□(將)行河臨解除、已上各遣使令持衣之例也、

十二月

九日、丙午、河臨祓、恆盛、遣衣于祓所、

醫王寺大般若經ノ加點

學藝、

〔醫王寺所藏大般若經奧書集〕

(卷五百七十三、奧書)「長元五年三月四日、古市寺二時點了

智海□了」

〔大毗盧遮那成佛神變經卷第二菩提幢密印標幟曼荼羅品之二〕○東寺觀智院金剛藏所藏

(奧書)「長元五年六月二日、於本寺受了、　賴尊」

金剛頂瑜伽護摩儀軌ノ移點

〔金剛頂瑜伽護摩儀軌〕○神護寺所藏

(奧書)「長元五年七月廿八日、奉從本寺入寺受學了、而以天喜二(年)丨五(月)丨廿五日、又以他書移點了、頗加用意而已、賴尊」

〔大般若經字抄〕○石山寺所藏

大般若經字抄　大般若經音義

（表紙）「大般若經音義」

（内題）大般若經字抄

第一帙　第一卷

煕 音基　怡 伊 和悅也、

抑 音億 ヲサフ、

軛 音厄 クヒキ、

庠 音同詳、

跟 音根 キヒス、

踝 音過 ツフ、シ、

正俓 脛 音經 ハマキ〔アカ〕、

腨 音賤 コムラ、

卑 脾 音弊（マヽ） 可從骨、或作䏶、モヽ、

股 音古 ウチモヽ、

臍 音齊 又作齊、ホソ、

髆 音薄 肩骨也、

肘 音注 ヒチ、

兇 項 音幸 ウナシ、

腕 音垸 ウテ、音義住〔注〕圓、不知其意、顯密法文多讀□□〔音カ〕、輒難□〔改カ〕歟、

胭 音緣 ノムト、

頤 音醫　頷 音感 ヲトカヒ、

頬 音夾 ツラ、

覆 音富 ヲホフ、入聲者、クツカヘス、

正孝樂音堯欲也、ネカフ、音樂娯樂隨□
別、或云、其作又別、未詳□

蒱各反博教反爆音迫火烈聲也、拖〔抱カ〕、

安

適音敵〔敵カ〕定也、悦也、又タマ、、、□□〔カカ〕ナフ、又
音□、又ムカシ、又□〔ハカ〕シメ、隨處可讀、

正喧諠音官カマヒスシ、

正許勿反欸立屈、忽也、
忽

正鬧撓音饒°亂也、煩也、

安

隱音殷正引安也、或用穩字、

第三

瘀音於積血病也、

啄音託ツイクフ、

捷音攝速疾也、

榻音答シチ、

沼音小ヌウ、

陂音皮ツ、ミ、

析音尺クタク、或作折、立
節、俗従手非也、

飄音表°正飈

糠（原ト小字）同糠

檜音會上アラ、下カヒ、

羂音券カク、

撫音舞ナツ、

第四

兇同凶、

古廻反魁音火°°以

膾奸盗之長、屠
兒之主也、

第七

痓音全イユ、　掉正趙音逃動也、

第九

燎音料燒也、　注音趣ソヽク、　捫音門スル、　舋正覲音巾ツミ、

齅音救カク、　歿音沒□

第十

嘔音優鉢羅花鉢。ハ特。ト摩花　倶

某モ陀花奔墳。荼タ利花四色蓮花也、

第二帙

第一

膊 音薄 可従 骨、　脊 音尺 セナカ、　髀 音弊 モヽ、　膝 音七 膝字、　腨 音賤 立賤、

第四帙

第六

軛　呿 音去 アクヒ、

第五帙

第一

同瞬 眴 音順 マシロク、　正河 瑕 音計　隟 音撃 上キス、下ヒマ、　飄 音。表 立表、　巣 音糟 ス、

通用 幖 音摽　幟 音四 幡也、表 識也、

玉篇
切韻

第四　件三摩地等中一切法海三摩地、他處々皆法涌也、若寫誤歟事意見六帙第二卷、

咄音脱都活反ヤア、　訾同呰罵也、　第二分四百九、又一切法海三摩地、第三分四百八十五、諸法海等持云々、又々可勘、

第六

數入聲　取　趣謂、補特伽羅、

第七

擐音貫キル、　鎧音蓋ヨロヒ、　竭音ケツ樂列反ツクス、音義注渇、梵語多讀此音、然而玉篇・切韻皆揭音也、

第八

拯音乘救也、

第九

蒋魴

鞭 音邊　撻 音脱 ウチ、ウツ、　驅 音區 ハス、或作駈、

第六帙

第二

眴 音順　呿 音去　翳 音叡 隠也、　飄 音。表　巣 音槽 ス、　虧 音暉 カク、 規

喧 音。官 同諠、　循 正巡 音純 巡歴也、

第三

囓〔啜〕 音説 スヽル、或作歠、　剖 音報 サク、

三十六物 涙涕同、但魴云、涕者鼻液也、哭時所出歟、洟者ス、ハナ云々、皮革、々者、或音義謂、元〔无〕毛云々、是熟皮歟、私決薄皮者、

肺 音拜 フク〳〵シ、　腎 音信 ムラト、　脾 音卑 心府也、　膽 正毦 音湛 イ〔但カ〕 肝府也、

脬 音胞、通用、クソフクロ、

*2 *1 腪 音爲 或作胃、

洟 音低 ス、ハナ、正弟、

涎 音泉 ツハキ、

痰 音談 胸上水、病也、經多作淡、通也、又痩字古文也、

肪 音方

腡 音刪 アフラ、

膜 音莫 タナシ、、

⿰月蚩 音之 メクソ、可從目、

⿰月寧 音寧 ミ、クソ、可從耳、

已上此經、有卅八物、異形同義、字相加歟、

啄 音託

⿰國爪 音郭 ツカム、

⿰齒査 音沙 又取也、

掣 音制 牽也、

殨 音火以 胡對反 或作潰、ツユ、

蛆 音初 ムシ、

可惡 去聲 ニクム、

鎖 音左 或作鏁、クサリ、

晧 音告 白也、

糜 音微 カユ、

零 音令 ヲツ、

臑 音脳 〔臑〕〔腦〕臂肉也、臑字之誤歟、音賤、

髀 音弊

臗 音官

脊 音尺

⿱凶月 音供 同胷、

膊 音薄 可從骨、

外典月白音、又有其音歟、若

曝 音北 或作暴、同、サラス、音

筞 音冊 正可作策、

勵 音例 上謀也、進也、正可作策、下ハケム、賴

*1（上欄補書）「唾者ツハキ」

*2（同上）「涎者ヨタリ歟、」

四十二字

哀阿（朱書、下同ジ）『𑖀』
洛羅『𑖨』
跛被『𑖢』
者『サ』『𑖓』
娜陀『ナ』『𑖡』

砢羅『𑖩』
柁娜『タ』『𑖟』
婆縛『𑖤』
荼陀『𑖚』
沙左『シャ』『𑖬』

縛馬『𑖪』
頞多『𑖝』
也『𑖧』
瑟吒主『シ』頞『タ』『𑖬𑖿𑖘』
迦支也『𑖎』

娑左『𑖭』
磨馬『マ』末『𑖦』
伽義也『𑖐』
他『𑖞』
闍時阿『𑖕』

濕縛子『シ』馬『ハ』『𑖭𑖿𑖪』
達多墮『𑖠』
捨『シャ』『𑖫』
佉義也『キヤ』『𑖏』

羼喜左『𑖎𑖿𑖬』
薩頞左『タ』『𑖭𑖿𑖝』
若時阿『ア』『𑖕𑖿𑖗』
辣他『アフ』羅『タ』『𑖨𑖿𑖝』

呵『』　薄波馬『』　綽者『七』〔宅〕『』　颰左『サ』磨『マ』『』

嗑可『カ』縛『ハ』『』　嗟『シャ』者『』　鍵伽犬『』　搋多『』　拏娜『ナ』『』

頗『ハ』『』　塞租『サ』迦可『キャ』『』　逸以娑左『』　酌者『七』〔宅〕『』　咤多『』

擇多陀『』餘經无呵字、仍猶稱四十二字也、　諮音之問也、　社〔杜〕音度　多頭陀也、謂排汰除塵、

第四

斫音爵サク、　傲音號不敬也、　慼音赤憂也、

第七

縹音表ハナタ、

第九

最後行、過去未來現在六字、多无捎本等、何況空中有之次、

第七帖　第六

入十二枚、自性空故自性空中若身界若名俱十四字如上、何況故以身界與名俱之次、

第八帖　第五

詰音吉ナシル、　酬音愁ムクユ、

第七　第八

嚴久闕文ノ糺定ヲ申請ス
興福寺唐本
栖霞寺摺本
普門寺本

*爔音義赫角光盛也、勵音例

*〔上欄補書〕「正規可作爔□」

第九

端入四枚、色處等六境文十五行二百五十五字諸本无之、第二分有矣、僧都嚴久申請分欠〔處カ〕ヒ家此文可載之由、仍被問諸宗皆申諸本不見、但脱落分明也、法相宗申云、事理可然、但興福寺唐本无之、是尤可珍重之經也、若被載之卅餘所、又有可載之文者、因之不載也、〇長保五年二月十六日ノ第二條參看、而栖霞寺摺本有此文、又在他一兩本也、

第十帙　第四

末出二枚餘、若離五眼等九字、所以者何若五眼若六神通之次、若道相智等次、普門寺等相ヒ智ヒ等ヒ次ヒ、同末枚、若離一切智等十四字多无之、而或本有也、

第十
僚同寮、同官也、　羅　刹　娑或作婆、經䟽羅刹婆者、而眞言囉吃察婆云々、仍婆字符順歟、
第十一帙　第一　殄音田沒也、正殿　誥音告　螫音尺虫毒也、
第二　旗音奇ハタ、
第三　貯音儲正佇　箭音同管也、或作筒、　函音感フムハコ、正含
第四　隟音撃
第五　悖音背逆也、或作勃、音發。正蒱沒反、　殀音曜　歿音沒　星　宿音守
吠音斃ホユ、　栗音離　咕音攝　毘仙族也、　苐〔茅〕音猫チイ、麻。。字
入聲 復　道復者還也、

第十二　第七

入九枚、无明之段、八解脫之所、无二爲方便无生爲方便无所得爲方便廻向一切智々修習八解脫八〻〻（勝處）九〻〻（次第定）十〻〻（遍處）慶喜行識名色〻〻〻〻〻〻〻〻〻（六處觸受愛取有生老死愁歎）苦憂惱五十八字諸本无、普門寺本有、世尊云何以行識名色〻〻〻（六處觸）次行、乃至老死〻〻〻（愁歎苦）上、

第十三帙　第七

拭 音式ノコフ、　睡　覺 音較 或用悎字、但覺悟之處悎字非也云々、　注 音趣

達　絮 音序 婬女、或沽酒家、微識佛法、不能修行輩也、　蔑　戾 音例　車 樂垢穢者、令不知佛法輩也、

第八　蝎 音カチ　債 音最 負財於人也、或作債非也、　眩 音劵　瞖 音翳 與翳通用、目病也、

涸 音覺カワク、

行瑠

第十　遵音春シタカフ、

第十七帙　第九　慴音攝□也、　刺音志サス、

第十九帙　第一　匱音貴トモシ、　稍音掃ヤウヤク、ヤヽ、

匠音唱タクミ、　烏恢反猥音禾以ミタリカハシ、　癇音間小兒風癲也、　癃音隆久病也、

癵同攣手縮病也、　正瑞額(マヽ)音水減、惡也、　正候鰥反頑音°元　嚚音銀上カタクナ、下ヒスカシキ、

陥音監《カム》ヲチル、　蝸音倭カタツフリ、　串音貫習也、又作慣、行瑠天穿也、習也、或又クシ云々、是弗字音散、音訓已異、患

第二八十一枚、爲行乃至老死愁歎憂惱之次、後際二字多无、普門寺

本等有之、

第廿帙　第九

入十四枚、眞如上、善現二字或无、摺本等有之、

第廿二帙　第八　入八枚、四无量等、淸淨何以故之次、若法性淸淨五字多无、普門寺等本有之、

第廿四帙　第八　入二枚餘、善現无忘失法淸淨故舌界淸淨等百卌餘字多无、普門寺等本有、

第廿六帙　第一　廿空ｏ處之、有爲空三字或剩、普門寺等本不剩也、

第廿七帙　第六　入四行、六神通上、善現二字或剩、摺本等不剩、他所々又如之、

第九　末出二枚餘、三摩地上、善現二字或剩、或无、

第廿九帙　第五　入八枚餘、身界畢竟淨等卌五字多无、或唐本等有之、

第六　入十一枚、我淸淨故四字或无、摺本等有、色界乃至眼觸爲緣等上、

次入一枚餘、同四字多无、摺本等有、觸界乃至身觸爲緣等上、

第七　入十二行、同四字多无、或唐本等有之、无忘失法上、

第九　入七枚餘、无明段、若樂若苦四字多无、或有、行乃至老死愁歎苦憂惱次、

次隔五行、无明性上、善現二字多无、在或唐本、

第卅帙　第一　第六　劬音區勤也、　駈音區《カル》、

第十　渉音攝《ワタル》、　孕音用《ハラム》、　碗同礙、

玄應音義
慧沼

第卅一帙　第二　毘　奈《ナ》　耶《ヤ》滅也、律也、又調伏云々、或音義奈字㔹乃音、不得其意、又邪耶同字云々、仍検字書、邪者鬼病、又曰、魅天耶者文又詞也、音訓已異、但或通用、玄應曰、或云、□〔鼻カ〕那夜、惠沼曰、正云毘那耷云々、借用借音有所以歟、

阻音楚ヘタツ、

第三　欻音屈　揆音貴ハカル、　黠音活辨也、

諦　寶四諦三寶也、或改實字、非也、但他所有諦實文云々、而案此文、始終三寶不可相交、猶諦實歟、仍検摺本、實字也、

第四　惡去聲入、〔聲〕　作上有二說、下或音義去・入通用云々、今案、去聲者爲入聲者、造作物・作文等類而已、仍隨義可用之、

第十　拱音恐毆手也、舊說テヲタムタク、　第七

入八枚餘、能示諸佛一切智世間空相道相智一切相智世間空相廿二字諸本无之、而在摺本幷或本、同段无上正等菩提上、陀羅尼門之上諸佛二

字諸本无之、在摺本弁或本也、能示諸佛之次、次二段同二字如上、

第八　入二枚、能示諸佛一切菩薩摩訶薩行世間自性空相十八字多无、摺本等有、諸佛无上正等菩提上、次入二枚、能示諸佛一切菩薩摩訶薩行世間无性自性空相廿字諸本无之、摺本弁或本有也、

第卅二帙　第一　怯音甲 正刧 ツタナシ、　憚音但 ハヽカル、

飄音表　颺音陽 飛揚也、　第二　板音半　片音變 上イタ、下カタハシ、　健音見 強也、

徐音序 正蜍　策冊 上ヤウヤク、下在上、　秏音毫 正敖 損也、　痰音談 多作淡字、

第四　第五　帥音瑞 軍將也、卒　㲉音穀 卵皮也、

第八　多　揭音訶　羅　沖音虫

第八 入四枚、善現如是一切智々不可以色界證等廿四字諸本无之、
摺本有也、眼識界上、

第卌三帙　第一　第三　促音足ウナカス、　擐音貫
鎧音蓋　第四
第五　詐音作イツハリ、　扇　搋音低牛擇迦類也、　癇音間
第六　第七　正榮瑩音永ミカク、　佝〔佝〕音句求也、殉、非也、或作　杜音度
酸音刪セン〔サ〕スシ、　虧音暉規　第十　燋音消　炷音趣上ヤク、下トウシミ、
正樵瑞顀〔顀〕音小　顡音水　尠音淺スクナシ、或作鮮、　獷音曠強暴也、或作曠、非也、
俚音里陋也、　塊音火以ツチクレ、胡對反　堆音臺ウツタカシ、　杌音五。クヒサ、〔セカ〕正兀

坦 音但 平也、

（貼紙）「第卅三帖　阜　溝《コウ》、　坑 更　剌《ラチ》、」

第一巻入十三枚餘、眼識界等六行百二字多无、或唐本等有之、眞如平等之段眼觸之上、

第卅四帖　第二

欽 音禁 慕也、　潜 音瞻 藏也、　翺 音毫　翔 音祥 飛、不動羽也、　栝《ヤハス、》 音活 或作筈、

斬 音參 正摻

第五　第七　慨 音蓋 大息也、

恃　已〔己〕 音古 ヲノレ、正起也、又代已、以音、ステニ、又ヲハル、又ヤム、又語畢、悉音辰、已其作各異、　勃 音發

踐 音淺 フム、 已巳已、同韻之 己己篇彼此无定、

第卅五帖　第一

絮 音序　癇 音間　殞 音尹 沒也、　扣 音候 タヽク、　同霑 沾 音點 ウルフ、

齅 音救

第六　第七 慈呂反 沮 音處 壞也、　瞽 音皷 无目也、　瞬 音順 マシロク、マタヽク、

第九 注 音趣　脆 音逝 モロシ、

第一末出四行、依甚深之次、般若二字多无、普門寺等本有

之、

第卅六帖　第一

通用鉀音甲ヨロヒ、　塊音火以　割音葛サク、　斫音爵　沮音處　第六

溉音蓋ソヽク、

第卅七帙　第三

且音者字作旦、シハラク、又者マタ、又發詞也、從旦字音書、詞也、此也、カクハカキ云々、從旦字音但、アシタ、又カツ、、、〔日カ〕月目相通、旦不通、但目部无日字別作也、

第六　同諷罔音網欺也、　冐音暮ヲカス、　誚音少輕責也、同譙、　鶪音救

三　摩　呬音伎　多定名、　饕音刀　餮音哲貪也、　掉音朝

倨音巨　慠音告慢也、同傲、

第卅八帙　第七　第八　捫音門　撞音幢ツク、徒江反

*第卅九帙　第一　*〔上欄補書〕「第三卷奥、色等六界无之、」

廣益玉篇
信行

大般若波羅蜜多經般若理趣分述讚

奩音廉 鏡匣也、
蹈音稻 フム、
輞音網 ヲホワ、
輓音萬 ヲホフ、

畫音化 又音郭、正獲、カク、點畫也、
纎音占 ホソシ、
跟音根
毉音瘞 又作瞖、音奥《ヒ》、

腨音賤
脯音徵 マリ《ラ》、カナリ、
髆音薄
呑音敦 ノム、
睫音攝 マツケ、

皎音曉 以上三十二相字、
踝音過
窊音倭 クホム、
凸音鐵 アカル、

黶音掩 蔣魴云、黑子也、音義從面、音猒、黑子云々、其字音葉、穵木〔エクホカ〕、音訓共異、

廣益玉篇從面黑點云々、從面者面小下處也、信行不從面歟、展轉之錯耳、但從口者面字俗作、雖似同字、二玉篇所讀不同也、

褫音智 アハク、
竅音叫 アナ、
末去聲
達
那上聲 菓名、

*指
約音劵（マヽ） 又貌、正可作絢、或常音、屈節也、
逶音威
迤移 曲折行也、以上八十隨好、

弘
雅 弘者大也、或作和、寫誤云々、第三分和雅者、或經第二分又和字也、共誤歟、普門寺弘字、然而理趣分述讚引此文弘雅、

*「(上欄補書)玉篇從洵字、俗作從句也、而聲類作鈞云々、上有指圓節骨不現之好、猶非屈節歟、」

第八

花嚴中末出四枚、耳鼻等觸爲緣等六十四字多无、摺本等有、地界之上、

第九

端入九行、善現以色處不異本性空等七十五字諸本无之、摺本○或并經有矣、眼界之上、同卷末出七枚、耳鼻等觸爲緣等卅八字諸本无之、摺本有也、同末出五枚、八十隨好等廿四字諸本无之、摺本并或本有也、

第卅帙　第四　衝音鐘《ツク》、　翔音祥　第八　黠音活

欻音屈　街音皆《チマタ》、　厘音田《イチクラ》、　亘音恆《ワタル》、　堞音帖《カキ》、

廁 音四〔マ〕ラシハル、　燸 同煗 アタ、カナリ、　皎 音曉　汎 音範　漾 音様 水无涯際也、

郁 音育 美也、　寰 音巻。 正還 周圍也、　鷟 音叡 正烏號反、　鵙 音諸

鶬 音倉　鶊 庚　鶩 音木　鶯 同鸎　鶖 音秋　鵁 音交　鶄 青　鵾 音昆

鸀 音屬　瑦 玉　鵷 音。圓　鶋 居　鵜 音提　鶘 胡

羯 音迦　羅　頻　迦 正ケチ、迦陵頻伽也、　蹬 音洞 ハシ、可作隥、　凫 音舗

杷 音把 ヲホヒ、　幃 音威　帶 上香嚢、下其帶歟、　呿 音居　哮 音孝 ホユ、

陪　應　恭　敬 陪者益也、或作倍、信行取之、而諸本多從阝、　惆 音籌　悵 痛也、

售 音趣 買〔賣〕也、　以　爲 以字多作似、然而文章不見又文章不見、又有謂、爲《ヲモヘラク》之文其訓幷義相同也、從人者寫誤歟、

佇 音儲 正貯 久立也、

第九

愆音賢アヤハ《マ》チ、　瘡　痕音根故瘡處也、　駌音宛ヲトロク、　赧音暖面赤也、

塹音暫ホリキ、　遨音毫遊也、　屑音節クタケ、　正而甚反荏。音尋　苒染展轉也、

第十　箜。篌。或。箜。篌云々、然而依度高麗物、不用呉音、　槽音糟馬船也、此謂箜篌中歟、

頸音經　繩如是律緒之物歟、　正狠棍音昆謂箜篌轉絃物、　儼音驗ヲコソカナリ、

第一入二枚、方便善巧修行極喜起時之上、修行般若ハラ蜜多八

字諸本无之、摺本等有矣、

第卌一帙　第一

亮音量　匪音彼不也、　熙音規　怡伊　跟踝等字在第一帙第一卷、

大日經疏
出曜經聞持
圓成寺唐本
大品般若經

持　譽耶輪達羅、漢語也、大日經疏云、持名稱者出曜經聞持、云々、而或本作特、信行依之、謬也、

第二　啄音託　亟音極急也、音義云、立《弃》哭、數々也、　榻音答　陂音卑　檜音會

罥音劵　第四　疊音帝（マヽ）

第卌二帙　第二　第四　脤〔賑〕音進濟貧乏也、　偃音緣フス、

卌六物在六帙第三卷、　第五　四十二字在六帙第三卷、

傲音告　迮音作。迫也、セム、セハシ、

第四端入二枚云、何名爲寶印三摩地謂之次、若住二字、此三摩地之次、時一字、諸本无之、而圓成寺唐本有上二字无下一字、但其一字非落、本不置此字也、又大品有住字、

第卅三帙　第五　第七　赫音角　奕厄光盛也、

第八　第十　筒音同　措音蘇ヲク、正可作厝、　債音。最

第卅四帙　第四　欽音禁　眩音劒　第五　循音純

環音貫正還　猥音禾以　瞎音活无一目也、　癇音間　癃音隆　癵同攣

黧音梨通用　黮湛上ツシム、下クスム、　頛音水　頑音。元　嚚銀　誚音少

潰音火以モル、ツユ、　黧字蔣魴云、梨者駮牛、犂黧二字者俗文云々、仍通用此字歟、慈恩云、面似凍梨斑駮色也、俗斑黒、曰黧字林黒黄也、又黎〔黎カ〕字斑黒也、與黧同云々、因之又與梨通用歟、

第十　呿音去　躁音掃サワク、　欸音屈　黠音活　稊音。題　稗拝　社〔杜〕音度

傶同戚 親也、 傶者火也、戚字誤歟、

第卌五帙 第一 慊音劔 恨也、 第九 劬音區

諫音漢 イサム、

第卌六帙 第一 顦音小 顇水

鉾音牟 攢散 ホコ、上可從矛、下可從金、 撥音八 杌正兀 音五。 第五

叱音七 イサフ、 挑音朝 クシル、 劓音義 ハナキル、 涉音攝 剖音報

剡正掩 音炎 痔音治 病也、 第七 第八 伉音幸 敵也、 或作杭、

諒音量 誠也、 冤音宛 枉屈也、 荼音屠 苦也、 第九 遜音巽 順也、

脆音勢 モロシ、 斫音爵 塊音火以

第卌七帙　第一　彫音趣〔超カ〕ヱル、　第四　誣音武　詗網欺也、

憚音但　鯁音救　第七　第九　捫音門　卅二

相在卅九帙第一巻、　第十　八十隨好在同巻、

第卌八帙　第九　殉音順以身従死也、　跟踝等字在一帙第一巻、

腕音案切韻烏段反、同案音、而音義注圓、廣益玉篇又於院反云々、　榻音答

烔音同圓　然燒草傳火焰盛也、或作洞、非也、洞然在上、其義相異、

第卌九帙　第一　穀穀字作也、五穀惣名、従米非也、　第二　膊音薄

脊音尺　脞音弊（マヽ）　腨音賤　第七　第九　恤音出メクム、

卅六物在六帙第三卷、

○ 卌二字在六帙第三卷、

第九入十三枚、信等五根之上、以无所得而爲方便八字諸本・摺本幷无、或一本有之、(上欄補書)「音疑」

第五十帙　第九　氤音因　氳雲氣盛也、　氛音粉正分

馥福甚香也、

第七入十九行、但有假名之次、都无自性四字摺本幷諸本无之、(興福寺)山階唐本有之、(上欄補書)「音疑」

第五十一帙　第一　殄音田　囂《カマヒスシ、》音夾正梟　螫音昔

第三　眩音劵　瞖音叡　第六　匠音唱　猥音和以　瞎音活

黧音利 黮湛 頛音水 頑音。元 囂銀 誚音少

第九 阻音楚或作俎、非也、 𨄅音掃同躁、 黠音活 慊音劒

第十 悆音豫病除也、 蠆音泰毒也、

第五十二帙 第一 拱音恐 第二 轂音穀 瞖音叡

第七 第十 欽音禁 勃音發 踐音淺 劓音義

鋸音古ノコキリ、

*第五十三帙 第二 第九 沮音處 潛音瞻ヒソカニ、

*（貼紙）「私勘 第五、經云、謂菩薩乗善男子等初發心時生如是福亦名著相云々、福字意何、」

第五十四帙 第一 卅二相八十隨好在卅九帙第一卷、

第五十五帙　第一　第三　淍音鶴　秉音丙

第六　嗤《ワラフ、》音之　蹝音掃　第八　蹊音奚路也、

泛《ウカフ、》音範　片音變　健《コン》音見　徐音序　筞冊

第九　偬音乹　酸音刪　諫音漢　殞音尹　傑音揭才逸也、

誘《ス、ム、》音酉　侮正母音武　傲告上アナツル、　街音皆　謔正虐音逆戲言也、

第十　潛音瞻　翺音毫　翔音祥

第五十六帙　第二　耐《メクム、》音出〔恤〕　挑朝　劓義

鋸去　痔活〔治カ〕　黧梨　第三　蘖《ヒコハユ、》下。

鹹正咸欠　鹵魯上塥〔鹽カ〕地、又苦味也、醎字古文也、下地不生物也、涅槃經云、良田除去沙鹵惡草、疏云、确薄之地云々、沙石相交堅薄耳、或作滷也、

第五十七帙　第二　偬乾　殞尹　歿没

侮武　慠告　譃逆　邀梟サキル、

第四　戮音六殺也、辱也、　第六　歇同竭

笈颯　防　鉢去聲　底恥惰梵波提也、　褐　麗梨　筏上聲　多離波多、

畢及　藺恡　陀　筏　嗟畢陵伽婆嗟、　磤鶏タニ、　正花撾果打。也、

噎翳　稍冊　穜鍾ホコ、　罩盜取魚以龍〔籠カ〕也、　儵宿

第七　漬四ヒタス、　熨爲ノス、　埳同坎　颷表　颺様

詭貴異詐言也、　憾含恨也、　嘶制　喝愛〔埳〕イハユ、

拙説ツタナシ、　濡儒ウルフ、

第八　今且《但》或音義音者、暫也云々、然而次有明詣之文、薩洵云、年日明、則明者明日也、以今且可合明歟、加之檢唐本等、字從且、

滕《遭》ナマクサシ、　弈《亦》　但　畜《竹》〔ク〕タフハフ、菊音、モノヤシナフ、

盥《観》洗手也、　罕《旱》マレフ《ライ》ナリ、　轡《祕》クツハミ、　第九　磣《寝》食有砂也、

誕《但》不實也、　狎《甲》。ナレタリ、　斟《深》クム、

第十　挫《坐》タ、ク、　炙《尺》《舍》アフル、　芒《亡》ノキ、　稗《拜》

芋《雨》イモ、　藕《五字》ハチス、　犕《候》〔㲃〕チシホル、　糜《微》　詎《去》タレ、

出　聲《遂》〔マヽ〕　仆《北》倒也、　椑《肥》或作欅、畢音、

第五十八帙　羯《カ》。利《リ》王

第一
咀姪他、阿虎洛、屈洛罰底、虎刺拏〔挐〕莎、窶荼、者遮、々々折、尼阿奔、若刹多、々々刹、筵多、刹也娑〔渉〕訶、陜末尼羯洛、鄔魯々々罰底迦、羅〔邏〕跋底迦、阿鞞奢底尼莎刺尼、社〔袪〕闍、々々末底、阿罰始尼、罰尸罰多、々々、奴娑理尼、部多奴悉沒栗底、提罰多奴悉沒栗底、莎訶、
第二　遏闕〔ア〕タツ　偬乹　鑿冊ホル、　榦幹枝本也、
諸出高者或音義云、有本出字作山、不可依憑云々、

今案、此字不得其意、字已重山、若寫誤歟、仍檢諸本、彼此
不同、但摺本幷普門寺本山字也、

第三　卅二相八十隨好在卅九帙第一卷、　凹《押》《クホム、》上卷用他字、文異義同也、

儔《籌》《トモカラ、》　不　愜《狹》快也、甘心、伏日々常訓、不可適之、ヲチキス歟、事見玉篇、未詳、

第五　鍛《但》小冶也、　璞《博》《アラタマ、》　秤《稱》　氛《芬》　氳《雲》

正狀創《倉》始也、

第六　阿　頼《ラ》　耶　尼　延　底《チ》深入義、貧名也、

帝　杙《欲》橛也、株也、又云、樴也、所以繫牛也云々、如馬寮歟、　第七　悕《飢》　冀《季》《ネカフ、》

第九　匡《況》《タス、》　畢　舍《去聲》　遮　鎔《容》《トロモス、》

*第十
°瓮°雄モタヒ、　括活クヽル、　廛田厘字正作也、　捉冊トラフ、
擒禽　縶習同上、涉立反、蟄　赦舎(赦)々免也、　構候カマフ、字従木也、　輞網ヲホワ、
鈋科利也、　*(上欄補書)「烏貢反、」
第五十九帙　第二　剸義　肕月アシキル、
第三　縶習蟄　挫坐　戎柔西(戎)ー、又兵也、　礦廣アラカネ、同鑛、
第四　攢散　跳條　蹢的踊也、　囹令　圄語獄也、　塡傳アミ、
⿰火曹糟コカル、
件巻入三枚餘、一切智々非色界等廿六字多无、或有眼識界上、
次隔五行、非耳鼻舌身意觸爲縁等廿七字同上、地界之上、

興福寺南圓堂本

圓城寺唐本

第五

末出二枚餘、又諸菩薩如實了知所有色處種々自相皆不可得等四十八字諸本剩也、山階唐本・南圓堂本不剩云々、普門寺經止之、以圓城寺唐本所校、事不見所據、可止歟、

種々自相卌四字一段、種々自相皆不可得卌八字一段也、次俱相段如之、而自相皆不可得一段、重相加卌八字剩也、

第九

鏵正花果。ツハ、　鼈別龜屬也、　費祕ツヒユ、

第六十帙　第二

麾暉サシマネク、　諫漢　串貫患

荏。尋　苒染　第三　陷欠　縶習蟄　潛音瞻　激擊水衝也、

齅音救　鑽《キル、》賛錐類也、　第四　第六　猜《ソネム、》哉

蜺。下以　度《ハカル、》入聲　第七　第八　梯提

橙《カケハシ、》登下正可作隥、　慠告　撮《トル、》薩

第十　齅救　沃《イル、》屋　勃發。　嗜《タシフ、》志　偃縁

蹇犬正可作僊、　鷇穀

佛日、下至一句能善受持、不忘失者獲福无量、餘一切經若忘若失、其罪尚輕、於般若波羅蜜、忘失一句者罪同前福矣、滅後、受持之輩若有闕漏紕繆、其罪雖不殷重、其福殆是唐捐乎、仍檢近代人々所撰音義、或雖立篇詳聲、搜所在之間、早難轉讀、或雖注帙指卷、案反音之處、自致停滯、加之隨音而述旨

意、不允號有一二、知而不改、謂後人何、今任卷軸之次、注以謨〔漢〕呉二音、相同之字雖其音不違、至于淺智不遍知之字不敢用之、偏依呉音別戴〔載、下同ジ〕正音、或以假名注之、不顧碩學之相嘲、唯欲璅才之易讀者也、又法相宗學徒〔從カ〕勘進卅餘所闕文幷或音義疑脱落稱異本之文等、於有證者皆以注附、俟來哲之取捨而已、

第五帙第一

一切法海三摩地第二分四百九、法海三广〔摩〕地也、而大品、出諸法三昧云々、海義不見也、第三分四百八十五、諸法海等持、諸本同之、而或本涌字也云々、可尋、

他所々多法涌也、字體相似、若寫誤歟、然而諸本皆同、任意難改事見第六帙第二卷、泉者涌出衆水、海者衆流朝宗、其義不相同也、又有海印三摩地、海義在之、大品、攝諸法海三昧云々、

於一切法无所取著三摩地
先別出件三摩地、不可重列諸三摩地之中歟、第二・三分无此文、如廿六帙第一有爲空也、而諸本皆有之、又々可勘、

第九帙第九

末出廿五行、善現苦聖諦不可得故作者不可得等廿八字、四靜慮上、

卅三帙第五

末枚、不見有空解脫門等廿六字、五眼之上、
以上二个條、諸本无之、就中此品上下段、或有此文无彼文、或有彼句无此句、如是法文有无、次第不必一同歟、但於此空解脫門者、上下段皆有之、然倭漢諸本已无其證也、

卅九帙第三

末出三枚、不行於色界等十五字、眼識界上、

第十入四枚、不行於地界等十五字、因縁之上、

件二箇條、闕漏明也、而摺本幷諸本无此文、或一本書入、雖非可暗書戴、未見正戴之本、第十卷十五字、有書連本、但注諸本无由、加疑點、

第一帙第四 入四枚、

謂爲有情乃至見者之次、實不可得四字、以不可得空故之上、上文又有此字、

卅帙第十

入三枚、四者同事之次、善現是諸菩薩摩訶薩自正安住十善業道十七字、亦安立彼之上、

王仁

卅一帙第四

入四枚餘、請說般若之次、波羅蜜多或請書寫受持讀誦如說修行十六字、彼多緣礙之上、或經有波羅蜜多之文、无次ゝゝ字、第二・三・四・五分皆有之、件三个條、第二・三分共有此文、々々相又似、可有初分廣說之中、何先省略、然而非啻一所分々遞有不同、諸本已无之、恣不可是非乎、

第八不可思議等品、亦有餘法不可思議乃至无等々々十八字落歟、第二・三分竝有云々、非但如來云々无等々之次、

今案第二・三分、所譯不同、就中量謂字初分无其字、尤似有所以、梵本无此文歟、偏以在第二・三分難知脫落者也、

容止（容止）々々者禮、動靜也、俗說、フルマヒ、

所更王仁云、更者曾經也、

唯然唯者上聲、慈

恩云、敬諸之詞、然者順從之稱也、

久如 イクヒサキ、已字可讀歟、

幾所 イクハク、

幾許 同上、

爾所 ソコハコ〔ヽ〕、

爾許 同上、

扇惑 扇者動也、ソヤク、

不賓〔賓〕 々者遠、サケス、

陳葉 陳者故也、

唐設唐受 唐者空也、徒也、イタツラニ、引合可讀歟、

善閑〔善閑〕 々々者習也、

溫習 溫者尋也、

遇中毒箭 遇者邂逅、タマサカ、又或云、偶也、タマ、、、又如前訓、二訓大意雖同、非无小異、隨處可用歟、此文可讀邂逅之訓、自餘雖无難通用、以邂逅可爲正、但偶字以儻爲常說也、

陪〔倍カ〕 マス、、、

瘡痕 カサトコロ、

无端 アチキナシ、无緣云々、第三分、ヨシナシ、

輕調〔輕調〕 々々者弄也、

滿中〔滿中〕 々々者滿義也、

須食 須者求也、

相於〔相於〕 々々者代也、

趣得 蔣魴云、趣者況也、

孤屓〔負〕 ソムク、

聲皷〔聲皷〕 々々者鳴也、

經久 ヤヽヒサシ、

相像 ヲモヒヤル、

規利規者求也、　若時若者如、時者是也、或又隨處如例可讀歟、　如々行瑙常然也、未詳、

津昵上潤濕也、相因託也、下數々也、

或聞其處異香芬馥若天樂音百廿七、

何用勤苦聽此經爲四百卌、

諸菩薩衆隨不動佛爲菩薩時所修而學所行而住五百六十二、

件等文頗似難讀、能案文義幷尋內外舊說可讀、其訓所々定有如是文歟、可尋注之、

般若一部『・』六百卷『・』　四處『・』十六會中說『・』

合品二百六十五『・』　字六十億四十萬『・』

初分、四百『・』七十九『・』
三、五十九『・』三十一『・』
五分、十巻『・』二十四『・』
自餘十分不立品『・』
能斷『・』理趣『・』各一巻『・』
安忍『・』精進『・』各一巻『・』
前六『・』十五『・』鷲峯會『・』
第十六分白鷺池『・』
惣判十六『・』爲六段『・』
寄人『・』顯法『・』〔開無カ〕辨實相『・』『次三會』

二、七十八『・』々十五『・』
四、十八巻『・』二十九『・』
六分、八巻『・』十七品『・』
曼殊二巻『・』那伽一『・』
布施『・』淨戒『・』各五巻『・』
靜慮二巻『・』般若八『・』
第十他化自在宮『・』
餘七『・』逝多孤獨園『・』『初五會』
從廣『・』漸略明般若『・』
藉喩『・』顯法『・』彰行位『・』『第九會』

中算

大智度論

惣判〔會カ〕諸會〔門カ〕『・』顯理趣『・』『第十會』　兼明衆行幷眷屬『・』『次五會』
正說觀智『・』顯自性『・』『第十六會』　亦初五會說六度『・』
次有五會『・』遂難決　後六次第說六度『・』
法相中算上人作云々、

智度論第卌七云、色不與薩婆若合色不可見故云々、如是習是名與般若波羅蜜相應、問何以但說五衆十二入不說十八界十二因緣答應當說或時誦者忘失何以知之、六波羅蜜乃至一切種智是爲淨種所以不說垢者云々、是故不說、衆界入十二緣是爲事、故應說十八界十二因緣云々、復次眼界不與空合空不與眼界合云々、是相應第一相應、問此中何以不說五衆等諸法但說十八界答應說或時誦寫者忘失復或人云若說十八界則攝一切法、是故但說十八界云々、大品第三習應品、以信行音義勘之、當第二分觀照品・彼第四百三卷兩所之文、皆悉列也、今案、大品无一具文之處、猶作忘失之釋、或述不說之故、是皆大般若具足所列也、況至于一具之中无一文一句者、可无如來不說之疑、其卷軸及數百、交說種々、法門如經緯之織成、展轉書寫之間、那无脫漏失錯哉、但捜理戴之、似任胸憶、若雖一本有其證者、早可加戴歟、此經罪福異他聖教、受持讀誦之輩、可究竟文義也、佛誡慇懃尤應競持、抑存略大品有常啼品、慕廣經第二分无之、其所翻譯似有由緒、不識如此之趣、難據希有之證乎、然論曰、謗般若有二類、一類者墮地獄、第二破者不得聖人說般若意故、不名爲破般若、作佛像者、一人以不好故壞、一人以惡心故破、心不同故、一人得福一人得罪、破般若亦如是云々、一本失誤者衆本隨同之、偏依多小難定是非、縱不適譯者之意、不可敢招罪報者也、況是梵本之不同、或又誦寫之忘失耳、若儻得補其闕、豈不成就其功耶、法花行者忘失之時、如來現黃金身說之令具足、普賢乘白象王敎而使通利、爰知善根之圓滿、作至極之加被也、今持般若之人、其心慮之所及、殊可致如說之思者歟、

人々或執脫落之文、不可必入之由也、

梵語

尼師壇座具、　奢摩他止、　毘鉢舍那正知見、　刹
帝利分田主、守田種、　鄔波尼殺曇近少、　薩迦耶見
迦多衍那文飾、肩乘、　設利羅身骨、又體、　補羯娑典獄、又唱伶〔令〕、
戌達羅營用〔田〕種、　劫比羅黃赤、　吠舍梨廣巖、　栗
呫毘仙族、　瑜伽相應、　迦遮末尼水精、　諸瞿
陀无節樹、縱廣樹、　堵羅綿妬羅樹名、　多揭羅青木名、又枳香、　多
摩羅藿葉香、又草香、　扇擇〔搋カ〕　末羅羯多綠色寶也、　三摩
呬多奢摩他位等引、　具霍迦遮魯拏　烏瑟
膩沙髻、　阿喻訶涅喻訶持恩念敷、　頞胝迦水精、

羯羅頻迦妙聲鳥、　羯鷄都寶　奢摩他波羅
蜜多　曇摩他波羅蜜多法空、、　迦履迦唐言黒龍、
瞻博迦花唐言黄花、又金色花、　尸利沙合昏樹也、　蘇末那花
唐言善稱、　毘瑟拏韋紐天、　迦末羅花　馱都唐云躰、
牟呼栗多須曳〔臾〕、　阿羅荼迦羅摩子外道也、　哀羅
筏拏香葉象也、
漢語
對面念違背生死所念涅槃名ゝゝゝ（對面念）、　傍生傍行故名ゝゝ（傍生）、　盡所有性一切法中所有
品類邊際、　如所有性一切法中所有眞如、　增語第六觸意説名ゝゝ（增語）謂名、　然

燈定光、　不動佛阿閦、　隨信行鈍根人、　隨法行利根、
石藏琥珀也、　帝靑帝釋寶、靑也、　大靑帝釋所〔用カ〕月寶也、　四
雙八隻四向四果、　正至正行同上、　杵藏馬腦〔瑪瑙〕也、　天
帝弓弓天虹也、　帝網術天帝所持羅網也、　如來藏普賢、　金
剛藏虛空藏、　正法藏觀自在、　妙業藏毘首羯磨、　善住
香山象也、　大飲光广〔摩〕訶迦葉、　四暴流　四身繫
順道法愛於諸法而起想著也、　極七反有預流人天七反受生、　親
敎和上、　機關傀儡也、　家々從家至家而般涅槃、　五近事戒
五戒、近出家事故、　八近事〔住歟〕戒八戒、近羅漢住故、　一間一生、一品、爲間隔故、

七聖財聞・信・戒・定・進・捨・慚、　八大士覺小〔少カ〕・知・家〔寂カ〕・精進・念・定〔足カ〕・惠・不戲、

九有情居智七識住、有頂・无想、所居智、　衆同分衆多同分、　九

想膖・膿・異・青・啄・離・骸・焚・不保、　十想无常・苦・无我・不淨・死・不樂・猒・斷・離・滅想、　十

隨念佛・法・僧・戒・捨・天・家〔寂カ〕・入・死・身、　十一智苦・集・滅・道・盡・无生・法・類・世・他心・如說、

四勝住四威儀住、天住・梵〻及淨〻〻(住)(住)(脫アルカ)、　却敵〔敵〕城上禦樓也、　倚〔綺〕謬文曲之花也、

法隨法行

經云、如芭蕉樹葉々析除實不可得云々、實者菓實歟、私勘出曜經第十云、芭蕉以實死者皮々相裹葉々相連欲求具實終不可得、彼樹常宜根生牙〔芽カ〕樹便輒死云々、

婆沙一百八十一云〇云何法、答家滅涅槃、云何隨法、答八支聖道、

云何法隨行、答若於此中隨義而行、所謂爲求涅槃故修習八支聖道故名法隨法行、能安住此名法隨法行、諸法中涅槃勝故獨得法名八支聖道次彼順彼如王大臣故名隨法、然舍利子讚學經中設〔說〕言、具壽法之《ノ》隨法謂《ハ》離繫《ナリ》、彼契經中聖道名法涅槃名隨法、以先得聖道後證涅槃故、前經依勝劣次第顯法隨法、後經依證次第顯法隨法、

云々、更有彼次不抄之、

若行立住坐臥念般若事第三百十一卷衆喩品、

今時、得无生忍、於賢劫中當、得不退轉記事、

第五百卌七卷可見之意何、

轉重輕受菩薩可見第四百五十四卷、

勝天王般若波羅蜜經

要集第十云、和修吉者卽九頭彪（龍、下同ジ）也、〻一欲絞〔繞カ〕山高妙、令致禮帝釋而會、帝釋集諸天衆於善法堂念般若波羅蜜、彪威自息爾、〻二者〔十云カ〕、此彪爲守護諸天愛樂此山、故以絞〔繞カ〕之耳、兩解盡善爾、

拒 阿惹惹、訓持瓶之器也、三寄杖之名也、

長元五年九月廿九日、承御室（性信入道親王）仰了、

常陸花《イホスキノハナ》、

勝天王般若經云、譬如日出其高山者先照光明菩薩广（摩）訶薩得般若炬

高行菩薩善根熟者先照其光爾、

出曜經七云、人之處世當習方俗、或相顔《ヲ》而出語、或聽彼進趣而後報、恆適彼人意良宜得所、與人從事恆當謙恭卑下、正使言論得勝當自鄙下爾、

女人用意以爲龜鏡矣、

長寛二年甲申三月十九日申時、以智鏡房本於高橋之家書了、　淳算、生廿三、

大日本史料　第二編之三十二

2019(令和元)年11月7日　発行

本体価格　7,500円

編纂・発行　東京大学史料編纂所
発　　売　一般財団法人東京大学出版会
電　話　03(6407)1069
F A X　03(6407)1991
振　替　00160-6-59964
印刷・製本　中西印刷株式会社

ISBN 978-4-13-090082-9 C3321 Printed in Japan